사랑스런 **한국**에게
아름다운 **밴쿠버**에서 ♡

이 도서의 국립중앙도서관 출판예정도서목록(CIP)은 서지정보유통지원시스템 홈페이지 (http://seoji.nl.go.kr)와 국가자료공동목록시스템(http://www.nl.go.kr/kolisnet)에서 이용 하실 수 있습니다. (CIP제어번호 : CIP2018020085)

최윤자의
글과 시와 유화 그리고 사진

사랑스런 한국에게
아름다운 밴쿠버에서 ♡

인　　　쇄　2018년 6월 30일
초판1쇄발행　2018년 7월 5일

지 은 이　최윤자
펴 낸 이　양상구
웹디자인　김초롱
펴 낸 곳　도서출판 채운재
주　　소　100-861 서울시 중구 삼일대로6길 13
　　　　　(서울빌딩202호)
전　　화　02-704-3301
팩　　스　02-2268-3910
H . P　010-5466-3911
E.mail　ysg8527@naver.com

정 가 15,000원

* 작가와의 협의하에 인지는 생략합니다
* 파손 및 잘못된 책은 교환해 드립니다

최윤자의
글과 시와 유화 그리고 사진

사랑스런 한국에게 아름다운 밴쿠버에서

최윤자 시 · 산문집

머/릿/말

캐나다
1973년 이민 길에서 지금까지 세월이 흘렀습니다.
밴쿠버 도시는 45년간 나의 삶이 타오르는
아름다운 도시입니다.

정원에 가득히 핀 찔레꽃 나무 가지 위에서
노래를 부르는 작은 새들도 고향을 찾아 떠나는 걸 보면서
나는 나이 탓인지 외로움에 가끔 눈물이 납니다.

산꽃 피는 캐나다를 2003년에 발간하고 15년이 흘러갔습니다.
산을 오르며 가족과 행복했던 시간들.
어렵게 한발 한발 마지막 상봉을 오르고
하늘에 펼쳐진 비단 구름을 보고
옥빛 호수를 만나고
흩어지는 바람 속에서
다 녹지 않은 얼음 속에서
간신히 애타게 피어나는 산꽃들이

바로 우리와 같은 이민자들의 모습이었기에
그래서 그때는 책을
『산꽃 피는 캐나다』로 이름하였는데

이번엔 벚꽃이 수려한 4월에
돌아본 한국의 봄이 너무 아름다웠기에
『사랑스런 한국에게 아름다운 밴쿠버에서』로 이름 하였습니다

제가 존경하고 싶은
이 세상의 자연을 사랑하는 임들이여
하나의 아기 생명체가 한 부모로부터 태어나려면
2-3억의 경쟁을 뚫고 태어난다고 합니다.
이렇게 부모로부터
선택받은 저의 생명 하나도 자연이었고 진실이었고
축복이었습니다.

정든 고향 한국을 떠나 캐나다의 이민 세상을 살아오면서
어떤 환경에서도 용기를 잃지 않고 살려고 노력하였습니다.
요즈음엔 행복한 생활 뒤에는 다른 사람의 희생이
있었다는 것을 알게 되었습니다.
나의 사랑을 보답하기도 전에 가신 분들에게 미안하고 부끄럽고
그 분들의 소중함을 절절히 느끼게 됩니다.

죽음 뒤에 이 세상에 돌아온 사람의 소식은 없고
저 역시 다시 이 세상에 올 수 없을 것이기에
그 동안에 제가 사랑하는 사람들에 대한 기억과
그들과의 추억, 자연을 향한 연민 등을 적어 놓았던
시와 수필과 단편 소설을 책상 속에서 찾아냈습니다.
책으로 묶어 남아 있는 가족과 친구들,
나무와 산과 호수 풀과 별과
시를 좋아하는 분들과 같이 마음을 나누고 위로 받고자 합니다.

자연과 인간을 사랑하였던 저의 마음을
다정하고 너그러운 마음으로 살펴 읽어주소서.

2018년 4월 19일

저자 최윤자

차례

제 1 부

시와 노래 그리고 수필의 바람소리

4월은 아름다워라 • 16
시인 • 17
전나무 다리 • 18
호수 가에 내린 눈 • 20
강가의 봄 • 22
오월의 호수 • 24
별이 빛나는 밤에 • 26
엘라호 미거 하이킹 트레일과 미거 자연온천수 • 28

제 2 부

고향이 그리워

하늘의 약속 • 36
풀꽃 • 40
그리운 나라 • 42
만경강 • 46
사과 꽃 • 48

제 3 부

사랑스런 한국에게

J 언니에게 • 52
여행후기 • 71

제 4 부

생각하는 나무들

나는 누구인가 • 76
분신 • 78
산 그리는 세월 • 82
뉴스 속에서 • 84
혼자만의 하루 • 86
새벽에 우는 새 • 88
행복한 사람 • 89
후레저 강 • 90
차 한 잔 • 92
핏 호수 • 94

차례

제 5 부

새해의 노래

캐나다 카페 문학 모임 • 106
마음이 순해지면 • 107
새해가 밝아왔어요 • 108
새해의 기쁨 • 110
눈부시게 • 112

제 6 부

편애, 사랑스런 것들

편애 • 116
꽃 • 135
들에 핀 찔레꽃 • 136
채송화에게 • 138
가을꽃 • 139
진달래꽃 • 140
꽃이란 • 142
연꽃은 • 143
첫사랑 • 144

제 7 부

이민시절 지켜준 산과 나무

세인트막스 산행에서 • 148
산이 그립다 • 149
이민 나무 • 150
이민 사진 • 152
나무처럼 1 • 154
나무처럼 2 • 156
다시 산으로 돌아가고 싶다. • 158
그랜빌 스트리트의 추억 • 160

제 8 부

그대에게

이별 • 162
달님 • 164
연인 • 166
눈이 오시네. • 168
그대 사랑 • 170
가을은 따스하다 • 172
산책길에서 • 173
그대 소식 • 174

차례

내 사랑 • 176
쌍무지개 • 178
그대 곁으로 • 180
들국화 소원 • 181
가을사랑 • 182
그대와 나 • 184

제 9 부
방문후기와 산행기

오하라호수 산행기 • 188
아이슬란드 방문 후기 • 191
위버호수(Weaver Lake) 산행기 • 192

제 10 부

사랑하는 아이들에게

살다 보니 • 198
오늘 내가 할 수 있는 것은 • 201
아들에게 • 202
아들에게 • 203
축복 • 204
딸에게 • 206
손녀에게 • 207

제 11 부

이곳은 단편소설의 장입니다

바다의 선물 • 210
완전한 사랑 • 226

후기 • 250

▼ 유화 : 가리발디호수 파노라마리지

제1부
시와 노래 그리고 수필의 바람소리

4월은 아름다워라

바람과 햇살
여린 풀잎
시린 돌멩이 사이사이로
개울물이 긴 허리끈을 풀어
산허리를 이리저리 빗살처럼
흘러내려요

사슴의 눈빛 내려앉은
호수 가에
두발 모으니

먹구름 송이송이 나래를 펴고
설잔화는 얼음 속살, 살포시 열고
물가에 은비늘을 살살 띄워요

시인

산이
풀잎으로
바람으로
시를 쓴다

냇물도
소맷자락
헤죽대며
풀 언덕에 시를 쓴다

호수는
가느다란 은실로
하늘의 시를 받아쓰고

그늘을 마시며
쉬고 있다

호수에 여린 시를
그물로
떠내느라
하루해를 보내는 님은 누구신지요

전나무 다리

나무는 웃고 있었다.
조용조용히
그래서 우리는 들을 수 없었다.
나무의 웃음소리를

개울도 웃고 있었다.
와글와글 소리 내며 웃고 있었다.
그래서 나무도 우리처럼 개울가로 찾아 들었나

사랑스러운 나무는
개울가에 발을 담그고
잔 미소 떠올리며
개울의 언어를 배우고

우정 어린 개울은
나무의 발을
날마다 닦아주니
나무는 물속에 드러눕고 말았다.
맑은 물속 건너서

그 나무다리 건너면
나무와 물들의 속살대는 소리 들린다

설잔화 피어오르는
호수로
올라가는 길

풀잎들과 물과 돌과 바람과 나무가
신나게 합창곡을 울리고 있었다.

- 래디움호수 가는 길에서

호수 가에 내린 눈

눈이 바위 위에 내리니
바위가 되었네

눈이 호수 안에 내리니
옥이 되었네

눈이 풀숲에 떨어지니
꽃이 되었네

눈이 햇볕 위에 앉으니
별이 되었네

소복소복 하늘이 내려와 앉았다네
여기저기 별들이 내려와 앉았다네

영혼이 하늘을 가며
발자국을 남기네

한 가닥 실바람에도
하늘하늘

너와 나의 생
꽃눈 되어 춤을 추네.

— 2001년

강가의 봄

소리 없이 찾아드는 햇살
새 한 마리
바람 손 비비며
강가에 홀로 앉아있네

얼음은 고지에서 내려와
기슭에서 포근하고

돌무더기 사이로 칭얼대는
아기 풀머리 한 올 한 올

강물을 흩트리며
강물을 흩트리며

귓속말로
여기 물빛 고와라

올해는
내 제비꽃
사랑스레 피우고 싶어

파랭이 꽃 대답하네
내 예쁜 꽃술
머리에 올리고 싶어
예쁜 나비도 안고 싶어

수런수런
아지랑이
맑은 햇살 강가에
머리 풀고 앉아라

오월의 호수

수줍은 듯
복사꽃
피어나는
오월의 아침 안개

들풀이 긴 머리 숙이고
한쪽 구석에서 머리를 감는데
그곳 가까이 가까이
백조 두 마리 날개 내리네

옥빛 호수가 날개를 치고
뒷산 숲속으로 돌아서는
안개의 짙은 숨소리

그대 뒤로
손을 비비며 걸어보는
오월의 호수

향기로워라

- 마불호수에서

별이 빛나는 밤에

낮과 밤이 여울질 때
태양은 스르르 숨을 쉬며
심지를 끄는
불의 떨림으로

나무나, 산이나, 구름, 개울물, 풀뿌리에도
그 빛을 물들이고 있었는데.

모든 숨소리마저 지우고

부드러운 산언덕과
하늘가에서 만나는
이 화려한 자연의 외출은

너무 넉넉하고
따뜻해

비단 구름 접으며
산 넘어 흘러가

님의 눈물 데워서
무엇을 하고 있나요

밤하늘 저 멀리
달빛 어리는
은하강에
소금을 뿌리고 있지요

엘라호 미거 하이킹 트레일과
(Elahomeager Hiking Trail)

미거 자연온천수
(Meager Hotsprings)

　원시림의 존재는 건강한 생명의 조건 속에 지구의 일부분이 살아있고 그곳엔 희귀한 생물들이 살고 있으며 이런 생물들과 공존하는 것이 인간도 건강하게 생존할 수 있음을 인식할 때 후세에게 소중하게 전달해주어야 할 가장 값진 것이라 생각되어집니다.
　찾았어요. 드디어 찾았어요. 엘라호 미거 하이킹 트레일(Elahomeager Hiking Trail)을 이리 와서 이 표시 좀 봐요!
　기쁨에 젖은 남편의 목소리가 퍼져나갔습니다. 누군가 돌무덤을 쌓고 꽂아 놓은 막대기 밑에 엘라호 미거 하이킹 트레일이라는 글자가 있었습니다.
　"이 길이 바로 스톨만 윌더니스 트레일(Stoltmann Wilderness Trail)로 가는 길 같아요." 괜히 가슴이 뭉클해집니다.
　우연히 이 산행길 앞에 서게 된, 행운의 날입니다. 산행가로 리포터로 랜디 스톨만씨(Randy Stoltmann)가 5년간을 죽을 고비를 넘기며 이 원시림 속에 대한 리포트를 거의 마쳤으나 1994년에 눈사태로 숨을 거두자, 그의 동료들과 자연을 사랑하는 사람들이 그의 자료를 수집하고 스톨만 윌더니스(Stoltmann Wilderness) 국립공원으로 위슬러 건너 쪽 부근의 500,000헥타를 원시림을 자르지 못하도록 소리 높여 국가에 진정한 상태입니다.

캐나다의 마지막 거목이라고 인정되고 있는 삼목, 미송(Cedar, Douglas Fir) 700년에서 2000년 되는 원목들이 잘려나가는 것을 보다 못해 나무 위에서 밤을 새며 지키는 사람이 있었는가 하면, 캠프장을 불태우고 싸우다 2000년 9월에 70이 넘은 노인들도 1년간 감옥살이하는 일이 발생하였습니다.

그 뒤로 몇천 명이 되는 사람들이 이모임에 가담하였고 백명이 넘는 자원 봉사자들에 의해서 몇 날 며칠 넘어가야 하는 장장 긴 산행길도 근래에 완성되었습니다. 이 산행길을 만든 자원 봉사자들 마음속에는 원시림의 모습을, 높은 눈 산의 장관을 감탄하고 아름답게 피어난 알파인 꽃들과 글레시아의 폭포수를 직접 보므로 더 큰 부르짖음이 이어져(massive public outcry) 국립공원으로 하루빨리 정해지기를 원함입니다. 이 곳에는 그리질리 곰이나, 무스, 쿠거, 부엉이, 들새들의 터전이며 원시림이 그 씨를 뿌리며 부근에는 3037미터나 되는 Tisiphone산과 2600미터정도의 미거 볼케닉 산들 글레시어가 흘러내리는 계곡, 알파인과 괴암 석이, 우리가 찾아온 미거 온천수가 있습니다.

오늘 긴 여행을 하였습니다. (드라이브 11시간 하이킹 3시간 자연 온천수 1시간) 써리에서 위슬러를 지나고 팸버튼에

당도하기까지, 아스팔트가 안 된 길을 넘어 메가 크릭 자연 온천수를 찾기까지, 이곳 입구를 지키는 사람에게 5불씩을 지불하면서 남편은 신이 나서 물었습니다.

"이 부근에 스콰뮈시로 통하는 스톨만 하이킹 코스가 있다는데 그곳을 아십니까?"

"저 산 너머 사흘을 걸어서 아이스 필드를 지나서 가면 스콰뮈시 쪽으로 가게 되지요, 그리고 온천수는 여기서 왼쪽 길만 따라가면 파킹장이 있고 10분쯤 걸어 들어가면 됩니다."

그분의 친절한 안내에도 온천수 입구를 잘못해서 지나는 바람에 넓은 산속에 외톨이로 서게 되었습니다.

여기는 어디쯤 될까?

차를 세우고 용암의 분화구로 보이는 신기한 미거 산봉을 바라보며 감탄사를 발하였습니다. 4x4 차로도 더 이상 갈 수가 없게 되자, 길을 따라 걷기 시작하였습니다. 숨차게 흘러내리는 물살을 내려다보며 나무다리를 건느니 시든 가을꽃이 손을 흔들고 햇볕이 등에 다림질을 시작하였습니다. 길을 전부 막고 있는 이상한 통나무 하나, 아마도 이 통나무가 나무를 자르는 자와 그것을 막는 자들 사이에 방패 막으로 쓰인듯하여 그때 일을 기억하게 되었습니다.

이 통나무 뒤로 이 엘라호 미거 하이킹 코스를 만난 것입니다.

반가움에 소복이 자란 가을 잡초 속으로 산행길을 거침없이 내려갔습니다. 흐르는 개천 다리 앞에 어쩔 줄 모르고 섰습니다. 이 무거운 통나무를 옮겨 다리를 만든 용감한 자원 봉사자들의 마음이 뼈아프게 느껴지는 곳입니다. 중간 원시림이 지치게 널려진 산속을 향해 올라갔습니다. 어둡고 한 조각의 하늘도 보이지 않는 우렁찬 숲속입니다.

한 고개를 넘으면 스톨만 산행길로 변할 터인데…….
운이 좋으면 그 큰 다글라스 나무도 볼 수 있을 터인데…….
광야처럼 펼쳐진 아이스 휠드가 나타날지도 모르는데…….
아이스휠드를 지나면 다시 원시림이 가득한 산으로 펼쳐지며 길은 스콰뮈시의 강줄기를 따라 꼬리를 치며 스콰뮈시에 다다를 것입니다. 거대한 나무는 보지 못하였지만, 스톨만씨의 영혼과 그의 맑은 소원을 읽었습니다. 고개가 수그러지는 마음입니다. 모든 산행길의 즐거움 뒤에는 숨어있는 사람들의 공덕이 자리하고 있습니다.

산행길 들이 그런 자원 봉사자들로 세워졌음을 알 때 그들에게 감사하며 아름답게 사용해야겠다고 다짐해봅니다. 그리질러 곰이 살고 있다는 곳, 갈수록 깊어지니 무서움이 들기 시작하였습니다.

우리는 점점 높아지는 숲의 그늘에서 무서움에 걸음을 멈추었습니다. 단체로 가는 팀과 연합하여 다시 이 산을 찾기로 하고 오늘은 3시간의 산행을 마치고 목적지 미거크릭 자연 온천으로 향하기로 하였습니다. 미거 자연 온천수(Meager Hotsprings) 우리가 이곳을 처음 찾은 것은 1997년 여름이었습니다. 어렵게 장시간을 털털거리며 가다가 앞에 가던 차들이 줄줄이

멈춰선 걸 보았습니다. "무슨 일입니까?" 하고 묻자 웅성거리며 길을 막고 있던 한사람이 "온천수를 닫았습니다."라고 말하였습니다. "어마나! 여기까지 겨우 왔는데……"

"사람들이 너무 많이 모이다 보니 coliform 박테리아가 전염되었습니다. 언제 다시 열지 그건 아무도 모릅니다."

"이곳이 southern B.C. 에서는 제일 많은 양의 온천수가 나온다고 소문 난데다가 돈을 안 받으니 그동안 질서가 통 없었지요.

한해에 3만 명까지 오고가니 Eco 시스템이 무너질 수밖에 없었지요."

"어쩌면!" "이 온천수가 좋아 사람들이 몰려들기도 했지만, 물량도 많다 보니 B.C.Hydro에서는 30개의 홀을 파고 앞으로 100만 명 전기를 공급할 수 있는지? 60 Mega Watts Power Plant를 시험도 하구요."

그곳에서 일했다는 그 사람은 신이 나서 그렇게 설명하였습니다.

오늘 우리가 본 온천수는 사람 수를 줄이기 위하여 200개의 파킹 에서 30개로 줄이고, 여기저기 있던 텐트사이트도 없애고 개천가에 있던 제일 큰 탕도 없애고 재정리된 상태라 합니다. 입장료 5불씩을 받고 있었습니다. 한곳에서만 물이 솟아나는 것이 아니고 크릭 주변으로 여러 개의 온천수가 솟아납니다. 주위를 자연석으로 막아 몇 개의 탕을 만들어 놓았습니다. 이 온천은 강의 입구에 있습니다. 눈 녹은 물이 범람하는 봄이면 미거 크릭은 진흙탕으로 산사태라도 난 듯 릴루엣 강에 합치고 물은 하루를 더 흘러 하늘처럼 맑은 하리슨 호수에 도착한다 합니다.

미거 크릭은 4번의 산사태가(Land slide) 일어났고 1975년에는 네 사람이 행방불명이 된 곳입니다. 지형적으로 산에서 내려오는 물이 합치는 양이 많아 위험성이 있으므로 폭우 계절은 피하는 것이 좋습니다.

이곳을 가려면 하이웨이99를 따라 위슬러를 지나 펨버튼 입구 가스 스테숀에서 충분히 가스를 채웁니다. 이곳에서 메타기를 0로 놓고 왼편 길로 시내를 거쳐 아름다운 농촌풍경을 지나갑니다. 25Km 지점에 바른편으로 90도 각도로 들어가는 온천 길 표시가 나옵니다. 이 길은 곧 아스팔트가 끝나며 언제나 러깅 트럭이 갑자기 닥칠 가능성이 있으므로 조심합니다. 33Km 지점 에서, 윗길과 아랫길로 갈라지는데 아랫길로 갑니다. 63Km 지점(펨버튼에서 1시간 30분쯤)에서 길이 갈리는데 왼쪽으로 갑니다.

다리를 건너서면 입장료 5불을 내고 왼쪽으로 몇 분에 파킹장이 나타납니다. 이곳의 절정은 온천수이나 온천수를 지나 10분 정도만 더 간다면 신비한 미거 볼케닉 산봉을 구경할 수 있고, 시간이 허락한다면 길 따라 걸어가서 3시간 정도의 엘라호 미거 하이킹도 즐길 수 있습니다. 또 온천을 끝내고 되돌아 나오면서 63Km 지점에서 갈라졌던 윗길로 10분 정도 가면 길에서 파노라마 산 폭 위로 흐르는 Keyhole 폭포수를 구경할 수 있습니다.

(미거 온천, 더 자세한 문의
Squamish Forest District Ministry of Forests)
(2004년 코리어 미디어에 연재 산행 글)

▼ 유화 : 하비산(노스밴쿠버)

제2부
고향이 그리워

하늘의 약속

꼬꼬닭은 마당에서만 놀지 않고 어느 땐 대청마루에까지 올라가서 후다닥 청승을 떨었습니다.
지붕 꼭대기에는 지푸라기 위에 박꽃이 하얗게 폈고 달덩이 같은 박들이 용케도 잘 붙어있었고요.
앞마당 우물 속에 달빛이 들어가면 내 얼굴도 거울 속으로 들어갔고, 철벙 철벙 두레박 떨어지는 소리에 매번 놀라기는 마찬가지였습니다.
초가지붕 밑으로 고드름이 거꾸로 꼬인 촛대처럼 달려 있다가, 해가 비치면 토방 밑으로 구멍을 뿡뿡 내었지요.
태양이 멍석 위에 낮잠을 자고, 빨간 고추는 밟으면 바스락 바스락 귀신 소리를 내고, 하늘엔 고추잠자리와 된장잠자리가 어지럽게 뺑뺑이를 쳤습니다. 잘못하면 내 휘젓는 싸리비에 걸리기도 하고요.
작은 별처럼 피어나던 꽃, 텃밭 탱자 울타리, 시퍼런 탱자를 한방 깨물면, 한쪽 눈을 싱 그르르 감고 뱅글뱅글 돌아야 했고요.
뒤 밭고랑에선, 겹 동그라미로 꼬고 앉은 뱀 대가리에 놀라, 자빠질 뻔했습니다. 어둑어둑한 다락은 기어 다녀야 했고, 자리 깔고 여름 나절 낮잠 자는 곳으로는 최고였습니다.

휘영청 달 밝은 밤,

쏟아지는 멋진 달님아, 대낮 같은, 옥양목 눈길 밟아, 할머니와 같이 치간을 가야 했지요.

할머니와 나랑은 부뚜막에 앉아 도란도란, 짚을 불 질러 대었고, 연기 때문에 캑캑거리다가 웃다가, 찔끔 한 소금 눈물을 짜내기도 했습니다.

할머니와 나랑은 외풍찬 방에서, 방바닥은 뜨거워 죽을 했습니다.

할머니와 나랑은 희미하게 졸고 있는 석유 등잔 밑에서, 하나는 엎드려서 이불 속에서 꼬물거리며 책을 읽고, 한 분은 바느질을 하다가 입으로 실을 끊으면서 ,이거 코 좀 뀌어다오 하셨습니다.

할머니와 나랑은 논고랑을 어이 어이하며 참새를 쫓고 다니면서, 내가 도랑창에 엎어지면 할머니는 아이고 우리새끼하며 닦아주셨습니다.

할머니와 나랑은 웃방 콩나물 통에 물을 잘 잘 잘 붓고, 잘 크는지 노랑 콩나물 대가리를 뽑아 보기도 하고, 생굴을 넣고 찐 계란을 많이 해 먹었습니다.

할머니와 나랑은 맛있는 옥 고시와 산자도 해 먹고, 인삼에 마늘을 넣어 약처럼 대려도 먹고, 단팥죽도 찹쌀 알을 만들어 넣고 홀홀 끓여 먹었습니다.

할머니와 나랑은, 할아버지, 상 할아버지산소를 올라가 풀도

뽑고 풀피리도 삐삐불어 보고, 산 위도 많이 걸어서 질척질척한 바닷가로 내려가기도 했습니다.
 할머니와 나랑은 방학 때마다 만나는 둘도 없는 친구였답니다.
 캐나다로 떠나온 후, 난 언제나 할머니에게 미안했습니다. 그리고 시집온 후, 내 친구 할머니를 처음으로 찾아갔을 때, 할머니는 돌아앉아 눈물을 치마 끝으로 닦아내셨습니다.
 "이젠 가면 또 언제나 볼거나?"
 "또 오면 되지요"
 "그렇게 자주 올 수 있간 디?"
 "제가 약속하지요."
 "멀리 시집보내니 보지 못해서 속이 내 속이 아니구먼……내 생전에 다시 오기는 힘들 것이지……"
 할머니는 왜 그렇게 말씀 하셨을까요?
 나는 약속을 결국 지키지 못하였습니다.
 할머니가 가버리신 후 모든 것이 조각이 났지요. 고향의 하늘도, 밤별도, 달빛도, 모두 깨져버렸습니다
 그리운 고향의 꿈도 날아가 버렸습니다.
 그러다가 요즈음 생각하니 한없이 그리워지네요.
 한 가지 버릇하나가 생기게 되었지요. 땅은 바다가 끼어서 서로 갈라져 있으나, 하늘은 캐나다나 한국이나 한 장으로 되어있으니 조금 기쁘지요. 뭉게구름 하늘에 널려있으면 가장 큰 아름다운 구름을 찾는 버릇입니다. 그 하늘나라에, 가장 큰 흰

구름 속에 숨어서, 나를 지켜보실 것 같은 착하신 할머니를 찾아보려고요.

정다운 벗

그 시절

보고 싶은 할머니

내 고향 땅

어느 날 보니 그리움이, 나의 뜰에 앉아 있었습니다. 산을 오르며, 그 산길에다 어렸을 적 비탈길과, 뒷산 능선과, 오솔길을 돌부리까지도 맞추며 걷는 날이 있었지요. 할머니를 떠올리는 동안, 언제나 젊은 날의 기쁜 아이가 되어 살고 있는 나의 참 모습입니다.

산길을 같이 걸어주셨고, 고향의 뒷산은 내 인생의 산의 모체가 되어 아직도 깊은 정으로 숨을 쉬고 있는 것이지요.

22세의 꽃다운 나이에 홀로 되신 나의 가엾은 할머니.

갈길 모르던 정을 아이에게나마 비벼대고, 애태우고, 숨 쉬는 것을 깊이 느꼈기에 아직도 그분의 아릿한 정을 잊지 못하고 살아가는 큰아이가 여기 있습니다.

내 생전에 이분을 단 한 번만이라도,

아니 단 10분이라도 다시 만나서 약속을 지킬 수 있다면 얼마나 좋을까요?

하늘로라도 올라가고 싶어요. 만날 수만 있다면!

풀꽃

할머니 살던 심연 속엔
흰 구름 떠다니는 돛배가 있고
그리운 바다가 노래를 하네

앞 도랑 뒤 도랑 흐르는 물은
풀잎 앞에 가슴 돌 씻어다 놓고

할머니 다니던 논고랑 밭고랑에는
아직도 나의 수심 흘러내리네

할머니는 장 독 뒤에 봉숭아 심고
소녀는 긴긴밤 물을 들였소

할머니는 앞뜰에 꽈리를 심고
소녀는 불며 불며 쫓아다녔소

할머니는 토방 위에 사랑을 심고
소녀는 토방 위를 싫건 밟았소

흰 구름 동동 떠
하늘가 가고
흙더미 위엔
풀꽃들이 또 다시 피어나거늘
할머님이 불어내는 입김인가요?

할머니 속마음이 피어나는 것 같으니
입 맞추고, 볼도 비벼 보고요

내 풀꽃도 하나 꺾어 놓고 가오니
저 꽃씨 떨어져
이 꽃씨 떨어져

밤이슬 방울방울 나누어 마시고
별빛 하늘 떨기떨기 나누어 이고

풀꽃 하나
또 하나
소곤소곤 같이 피어나 주소서

― 9월 27일 목요일 2001년 코리아나 신문
벤쿠버 (Koreana News)

그리운 나라

지금은 마음으로 기억으로
열고 닫는 평화의 나라가 있네.

잠 못 이루고 뒤척이다가
기어코 뱃길로 표류하고 마는
꿈속의 나라

달콤한
먹 때 왈 따서 입에 넣고
아카시아 꽃 이파리 자근자근 물어대고

우물 속 물빛
사르르 하늘이 숨 가리고 떨고 있는

지금은 마음으로 꿈으로
열고 닫는 평화의 나라가 있네.

마당에 들길에
사금파리로 금 긋고 뛰어다니면
환한 대낮 포플러 나무들도
서로서로 손가락들을 나풀거리며
어린 배춧빛 짙어만 가던 여름이었네

뒷산 소나무 사이사이로
솔바람 불어 대고
지구의 반원을 다 덮은 서해바다

풀잎처럼 기웃기웃 떠가는 돛단배들
그 바다의 끝자락을 물고 놀던 물새들
갈대숲에 술렁대는 바람들
우리 다시 만날 수 있을까

지금은 마음으로 기억으로
열고 닫는 평화의 나라가 있네.

구름 속을 아른거리며
지나가는 달무리
문풍지 위로 싸리나무 나부끼고.
동그란 쇠고리가 달린 문 사이로
가을바람 소리 도랑물 흐르는 소리가
그치지 않았다네

겨울이어라
깊은 겨울이어라
펄펄 눈이 날려라
마음도 펄펄 날려라

지붕 위에도 장독 위에도
펄펄 눈이 날려라

함박눈 쏟아져 내려오면
방문을 살며시 열고 지나가는 바람에
나풀거리는 눈 손끝으로 받아
입술을 적시던 그 밤이 그리워라

그 겨울눈이 그대로 춤추면서
지금도 달려오는........,
그리운 나라에
그런 고향 땅이 있었다네.

만경강

바다의 끝 줄기에 붙어있어
나는 바다라 부르고
내 할머니는 강이라 불렀다.

해변처럼 퇴색한
회색의 강이
가슴을 쥐어짜면서 내내 앓고 있었다.

그 헤진 바닥이
너무 서글퍼 눈물이 솟았고
하늘이 너무 따뜻하게 내려와 안심하였던
진흙의 땅
무엇을 기다리며
그 속에 앉아있었던가

무언의
생이
그 강물과 춤추고 있었던 ....그때

얼음이 풀리고
연이 날리고

도회지에서
타국으로 나도는 희망의 강물

나는
그 강을 만경강이라 부른다.

사과 꽃

서산에 불던
바람
아직도 창밖에서
기다림에 설레고 있는데

정월도 이월도
해는
우리 할머니보다 더
땀을 흘리셨는가?

꽃은
살포시
내려앉는 은빛 햇살 사이로

함박눈이 내려온 듯
그립게도 피어났구나.

화사하게
분홍 옷고름 접은
내 어머니가

텃밭에 오셔서

서로
눈이나 맞추자고 하시는 듯.

▼ 사진 : 순천의 낙안읍성

제3부
사랑스런 한국에게

J 언니에게

1970년대 언니와의 작별 후
웃음 가득한 언니의 모습과 보조개를 지운 적도 잊은 적도 없습니다.
방황의 젊은 시절
제가 얼마나 언니에게 의지했는지요.
그때를 어떻게 잊을 수가 있을까요
언젠가 편지에 이민 생활이 행복하냐고 물었지요.
일에 지쳐서 가끔은 불행하지만 여행의 길 산책의 길을 남편과 자유롭게 다니며 행복하다고 하였지요.

J 언니
저도 남편을 먼저 보내고 이젠 외톨이가 되었습니다.
너무나 어두웠던 2년을 보내고 그동안 제가 만나지 못했던 사람들도 만나고 싶고 부모님 산소에 찾아가 못다 한 인사도 드려야 될 것 같고 그리운 곳을 찾고 싶어 오랜만에 한국행 여행 짐을 꾸렸어요.

- 서울에서 익산 김제 진봉 고사리로

J 언니

아들과 같이 찾아온 서울 대방동은 제가 자라나던 곳이지만 어렵게 옛집을 찾아내었습니다. 지금은 다른 사람이 살고 있는 한옥이지만 너무 반가운 고향 땅이고 집입니다. 오늘은 형부와 같이 용인에 있는 부모님과 형제의 산소를 찾아 인사를 올리고 제가 태어난 곳을 향해 기차에 몸을 실었습니다. 전북 김제군 진봉면 고사리 꿈에서도 잊지 못하는 할머니와의 정다운 추억이 그대로 살아 가슴 설레게 하는 곳

아름다운 동산에 소나무들이 대나무 숲이 보라색 예쁜 제비꽃이 저를 반기는 곳입니다. 140년이나 지탱하던 튼튼한 집이 사라졌어도 밭에 심은 파릇한 나물들이 풀들이 자라나서 저를 기다리고 있었어요.

노란 개나리꽃은 얼마나 반가운지요.

- 고사리에서 만경 김제 전주로

언니를 혹시나 만날 수 있을까 하여 언니 집을 찾아 전주로 향하였습니다. 경기 전 부근의 언니집 뒤뜰에 우물이 있었고 뒤뜰 앞뜰이 무척 넓었었지요.

보고 싶은 언니

너무나 변해버린 전주라는 도시에 놀라서 택시에서 내리자마자 그냥 서 버렸습니다. 아름다운 전주 한옥마을은 저를 흥분하게 하였습니다.

고대와 현대의 집들이 멋지게 어울려 숨을 쉬고 있었지만 언니네 집은 어디였던가요. 이 골목 저 골목 찾아다니다, 다니다 너무 다리가 아프고 배가 고파서 아들과 같이 전주의 비빔밥 식당 문을 열었습니다.

오랜만에 마주한 그 음식은 얼마나 맛있던지요.

밥을 먹고 나온 거리는 해가 서산으로 기울기에 할 수 없이 새로 지은 한옥집 호텔로 돌아와서 주인님이 주는 따끈한 티를 마시고 온돌방 잠자리에 포근하게 누웠습니다.

- 전주에서 여수 순천으로

J 언니

한국에 머무는 동안 여기저기 수소문하여 언니의 소식을 듣고 싶습니다. 언니를 그동안 미리 찾지 못했던 것에 속상합니다.

언니를 그리며 내일은 여수로 떠나려고요.

여수는 제가 약대 다닐 때 가장 친한 친구 선희의 고향이었지요.

대학시절 겨울 방학이었어요. 친구 집을 찾아 오동도 언덕에서 눈썰매를 깔깔대며 마구 타던 기억이 즐거워서 꼭 한번 다시 가보고 싶었거든요. 겨울 눈 속에서도 피어나던 동백꽃이 눈에 선하고요.

지금 찾아온 4월의 동백꽃은 하늘도 가리고 오동도를 덮고 뚝 뚝 떨어져 동산을 아름답게 장식하고 있어요.

걸으며 아들은 참 한국은 신기한 곳이라고 말합니다.

이렇게 꽃으로 다 덮인 섬은 여태껏 보지를 못했으니까요.

아름답다 못해 한국의 봄은 사랑스럽다고 해야 될까요.

정말 그래요.

친구의 고향 여수를 떠나 순천으로 향하려고 합니다.

텔레비전에서 보는 순천의 끝없는 갈대숲이 제 마음속에 찰랑대고 있었어요. 언젠가 편지에서 언니는 한국의 남쪽이 아름답다고 찬사를 하셨지요. 저도 이번에 와서 언니가 왜 그런 말을 했는지 여수에서 순천으로 가는 고속도로의 창밖을 보면서 알게 되었어요.

정말 아름다웠습니다. 지리산 자락을 끼고 흐르는 봄빛 어리는 강물

구례쯤을 지나면서 벚꽃은 산이고 들이고 가로수에 연두색 물가에 신부들처럼 서 있었습니다. 얼마나 한국 봄이 사랑스러운지요.

"그동안 사람들이 저 산에 벚꽃을 열심히도 심었나봐요"라고 묻자

"아마도 열매를 먹고 새나 다람쥐가 심어준 것으로 아는데요."라고 대답하였습니다. 자연은 자연이 가장 맑게 청소하는 것은 알았지만, 새나 짐승이 자기들이 먹을 것을 저렇게 예쁘게 심고 다니다니요.

이런 모습을 볼 수 있어 즐겁습니다. 우리는 순천에서 출발하는 관광버스가 있어 하루를 보내기로 하였습니다.

처음으로 가보는 송광사

들어가는 산길이 또 가슴 설레게 벚꽃으로 잔치를 이루고 있습니다.

차창으로 보는 이 꽃길이 얼마나 아름다운지요. 꽃이 양편으로 흐드러지게 날개를 펴고 있어 저도 오늘은 신부가 되어 그 결혼식에 참석하는 것 같아요.

J 언니

제가 한국에 있을 때는 창경원에서나 구경하던 벚꽃이
이렇게 남쪽의 산과 거리로 뛰어다니면서 정답게 피어있을 줄은 몰랐습니다. 벚꽃의 조상은 일본이 아니라 조선의 제주도 한라산 중턱에서 군락들이 먼저 자리 잡고 있었다지요.

우리는 광대한 순천 국가정원을 구경하고 순천만 자연을 구경하고 낙안읍성에서 홍매화에 반하고 거기에 대장금 세트장이 있어 사진을 찍고 즐거워하였습니다.

- 순천에서 통영으로

J 언니

아침부터 순천의 영화세트장을 구경하였습니다. 이젠 통영을 향해 발길을 돌립니다. 이순신 장군의 영화에서 위대한 이순신 장군 모습과 거북선을 보고 싶어 하는 아들이 있어요.

"신에게는 아직 12척의 배가 있습니다.

죽고자 하면 살 것이요 살고자 하면 죽을 것이다.

한참 싸움이 급하다 나의 죽음을 알리지 마라"

나라를 사랑한 이순신 장군의 일지 속의 기록은 감동입니다.

저는 활어 시장을 구경하고 싶어요.
팔팔 뛰는 끝도 없이 펼쳐진 장터 그리고 이순신 장군의 공원과 판옥선과 거북선을 바닷가에서 돌아보았습니다. 통영은 참 볼 곳이 많은 곳이었습니다. 통영의 꿀빵과 3대째 내려온다는 할매 집 김밥에 입맛이 돋았습니다.
케불카를 바람 때문에 타지 못하여 서운하였습니다.

- 통영에서 부산으로

J 언니
통영의 밤이 지나고.
지금은 멋진 해운대 앞바다
동백섬을 물고 있는 푸른 남청색의 물결 앞에 섰습니다.
바닷속의 로렐라이? 여인상이 물결에 찰랑대며 외국에서 본 원래 것보다 더 멋있게 서 있습니다. 피난 시절에 초등학교를 다니고 수년간 머물던 부산의 모습은 어딘가로 사라져버리고요
높은 부산의 호텔에서 하룻밤을 멋있게 지내기로 하였습니다.

- 부산에서 울산 경주로

J 언니
나이 때문인지 보고 싶은 생각이 더 간절해집니다.
하고 싶은 이야기는 점점 늘어나고요. 울산의 바닷가에는 여수의 오동도나 부산의 동백섬처럼 대왕암 공원이 자리하고 있습니다. 대왕암까지 가기엔 무릎이 아파서 바다 구경만 하기로 하였습니다.
지금 경주로 가는 길 차창으로 울산이라는 참 대단한 도시가 지나가고 있습니다. 정주영 임의 투자로 건설된 멋진 고속

도로와 이렇게 많은 한국의 차들이 외국으로 나가기 위하여 항구에 서 있는 것을 구경하는 것이 처음이라 서요 이제 와 보니 한국은 참 멋진 곳입니다.

　우리는 휴게소에서 호두과자와 닭꼬치를 사 들고 차 안에서 맛있게 먹었습니다. 어디를 가나 휴게소에는 먹고 싶은 것도 많고 좀 더 머물고 싶은 곳이지요.

　다시 고속도로를 타고 경주에 도착하였습니다.
　한국의 고속버스는 편안하고 가는 길도 좋지만 무엇보다 가격이 너무 저렴하다는 것이지요 우리는 고속버스 정류장에서 내려 불국사 가는 버스로 편안하게 갈아탔습니다. 그리고 다시 불국사 가까이로 들어가는 동네 버스로 옮겨 타고 내리게 되었습니다. 불국사의 정원은 올라가는 길이 넓고도 넓은 온통 벚꽃나무 동산입니다. 산책 나온 사람들이 나무 아래 자리 잡고 사진을 찍고 즐거운 한때를 보내는 풍경이 온 동산을 메우고 있습니다.

　역시 불국사는 역사 깊은 한국의 보물이에요.
　수많은 사람들이 찾고 있어 사람으로 장을 이루고 있습니다. 더구나 부처님이 태어난 달 전후로 모두가 찾아온 것 같습니다. 불국사는 수학여행 때 딱 한 번 와 본 곳이지요. 이 위대한 돌계단으로 된 불국사를 제 생전에 다시 보게 되어 흐뭇합니다.

여기 펼쳐진 소나무의 자태는 얼마나 예술적이고 믿음직하고 자랑스러운지요. 소나무를 높이 올려다보니 하늘을 배경으로 그 폭들이 아주 섬세한 잎과 가지를 하늘에 수를 놓은것 같이 환상적입니다. 새로 단장한 모습보다 연륜을 자랑하는 퇴색된 건물들도 역사 속으로 가슴을 뿌듯하게 여울집니다. 석조탑을 돌아 오르고 내리며 불국사를 잊지 않게 사진에 담고 또 담았습니다.

경주는 왕릉이 여기저기 보이고 넓고도 아름다운 고대도시입니다

세상을 많이 돌아보았지만 한국의 역사는 대단합니다. 그 전쟁 중에서 산에 나무하나 없었는데 이젠 산에 나무로 가득차고요.

만일 조선 속에 일본이 없었다면, 6·25전쟁이 없었다면, 한국은 얼마나 보석같이 모든 역사를 자랑하며 남아있을까요

우리의 조상님이 훌륭하듯이 지금 시대도 훌륭해서 IMF를 가장 빨리 해결한 나라라지요 이렇게 부유한 모습으로 자리잡은 경주를 보니 열심히 일하신 분들이 자랑스럽고 존경스럽습니다.

J 언니

전주를 돌아보고 감탄하듯이 이곳 경주에도 기와집, 오래된 멋진 식당들이 줄지어 있어 우리는 순두부를 맛있게 먹었습니다.

이번엔 경주의 유명한 찰 보리빵도 맛을 보고요

경주는 이제 대 강국의 수도처럼 장엄하게 그 모습을 자랑하고 있어요.

경주의 밤은 불빛이 화려하게 밤의 역사를 지키고 있어 편안한 밤을 보내었습니다.

- 경주에서 대전 고은 법주사로

유명한 속리산 국립공원으로 가기 위하여 기차를 타러 갑니다. 터미널은 깨끗하고 기차를 잠깐 기다리는 사이 우리는 터미널에서 할머니 국수를 먹었습니다.

한국은 음식 천국

보는 것마다 다 먹고 싶습니다.

그동안 지치고 물린 서양 음식 때문인지 정말 이렇게 보는 것마다 입맛을 다셔야 하는지 미처 몰랐습니다. 가격은 5불에서 10불 정도로 해결할 수 있고요. 20불 정도면 아주 근사한 해물탕이나 갈비가 나오고요

대전에서 내려서 고속버스 터미널을 향하고 법주사 가는 버스에 올랐습니다. 한국의 교통망이 얼마나 잘 되어 있는지 버스나 기차가 기다림 없이 척척 연결되어 신기합니다. 법주사로 가는 길은 버스가 고불고불한 산길로 들어갑니다. 이곳은 속리산 국립공원 문장대가 있는 곳이지요. 정이품 소나무도 입구에

서 우리를 환영하는 곳입니다.

1960년대 친구들과 같이 여행을 하고 문장대 위에서 찍은 사진을 간직하고 있어요 가끔 꺼내 보면서 아직도 어딘가에 잘 살고 있을 친구들의 모습을 그려보지요.

J 언니
우리는 오후에 도착하였지만 법주사를 향해 걷고 있습니다.
가는 길은 이젠 소나무들이 얼마나 자랐는지 하늘을 찌르고 있어요.
얼마나 오고 싶은 곳이었는지요.
이민 가기 전 제가 이곳으로 아버지와 어머니를 모시고 갔던 추억의 장소였어요. 그때 어머니는 절에서 잠을 자고 절에서 밥을 먹고 그리고 저와 손을 잡고 산길을 오르며 얼마나 즐거워하셨는지? 지금도 그 모습이 눈물겹게 그대로 생각나지요. 저의 생애 중에 가장 잘한 일이 부모님과 법주사 여행을 준비한 것이었어요.
그래서 꼭 한번 이곳에 와서 어머님과 아버님의 숨결을 느껴보고 싶었습니다.

J 언니
이 부모님과 법주사 이야기를 풀어놓으니 아들도 감동하네요.
법주사

오래전에 없었던 커다란 금빛 부처님이 서 계십니다. 그 아래서 아들이 사진을 찍어줍니다. 이곳의 추억 구경이 많아 우리가 맨 마지막으로 걸어 나왔습니다. 해가 어둑해서야 호텔로 돌아와서 잠자리에 들었어요. 오늘은 이곳에 와서 부모님을 만난 것 같아 가슴이 뿌듯하고 너무나 행복합니다.

– 법주사에서 대전 수원 서울로

수원성은 이조 시대로부터 자세한 건축지도가 그대로 남아 그 놀라움에 유네스코 등재가 확실해졌다고 들었습니다. 보고 싶다고 노래를 부른 곳이지요. 제가 생각한 것보다 더 크고 아름답고 또 이곳에 와도 얼마나 벚꽃이 찬란하게 주위의 공원을 치장하고 있는지요.
정종대왕의 모습과 이곳저곳 꽃길을 걸어 다니다가 화성어진이란 특별 차를 타고 싶었습니다. 2시간을 기다려 타고 주위 한 바퀴를 도는데 1시간 정도 걸리는데요. 정말 아름다운 도시로 변한 수원입니다.
살아있는 생생한 거리를 돌아서 보이는 다리 밑으로 수양버들 수원의 봄 풍경이 아름답습니다.
이번 여행에서 참 많은 것을 보았습니다.
절대적으로 신문화도시와 구문화도시가 어울려 짝을 이루는 아름다움에 그저 감탄할 뿐입니다.

J 언니

그동안 한국 사람이 얼마나 열심히 일했는지 얼마나 변화를 이루고 부지런히 가꾸어 놨는지 어느 나라에서도 보지 못했던 자랑스러움이 여기에 있어요.

제가 이번에 혼자 돌아본 아시아의 나라들, 제 생각을 자유롭게 아들에게 이야기하였습니다. 한때는 부의 왕국이었던 캄보디아도 가서 보니 외국의 세력을 막으려는 정책이 실패하였습니다. 결국엔 외국과 타협하는 머리 좋은 자국민을 너무 많이 죽였습니다. 한 사람의 머리 좋은 외교관이나 정치가가 나오면 국민을 다 먹여 살릴 수도 있다는데 인재들이 사라지니 회복할 길이 없이 형편없이 쓰러진 모습이고요

빈부의 차가 심한 인도는 가난한 부모 밑에서 태어난 이유로 최악의 환경 속에서 불행하게 살고 있는 사람들이 너무 많았습니다. 삶 자체가 웃음이 없고 가엾습니다. 네팔 사람들은 잘 못 살아도 빈부의 차이가 적어서 사람들이 서로 도우며 인도보다는 훨씬 행복해 보였어요. 싱가포르는 잘 발전되고 정리되었지만 너무 비좁은 나라입니다. 비싼 생활비와 너무 꽉찬 빌딩에 즐거움이 사라지고요.

홍콩의 밤은 화려하지만 그 오염된 대기가 말이 아닙니다. 그 속에서 숨 쉬는 사람들이 가엾은 생각마저 들었습니다. 필리핀은 한때는 한국보다 훨씬 잘 살던 나라인데 왠지 지금은 그 갈 길이 멀어 보였지요.

경치가 좋은 베트남은 전쟁 후 발전하느라 정신이 없지요

앞으로 좋아질 것 같은 모습이었습니다. 왜 그들이 그런 전쟁에 휘말렸는지 상상이 됩니다. 그들이 바로 아름다운 땅의 소유자였기 때문이 아닐까요.

상하이의 발전과 건축물은 대단합니다. 아주 복잡하지만 제 눈엔 예술이 섞인 도시가 부유하고 아름다워 방콕보다 더 머무르고 싶었습니다.

타이랜드엔 국민을 살피는 위대한 지도자가 있었고 타이랜드와 타이완이 가장 아름다운 자연과 평화를 가지고 있었습니다. 그러나 여행의 편리한 교통과 화장실 시설은 한국과는 비교할 수가 없었지요.

중국의 계림 타이랜드의 피피아일랜드 타이완의 타이거루 국립공원 치앙 라이의 화잇 탬풀 인도의 타지마할 내팔의 히말라야산맥 캠보디아의 앙코르왓트 배트남의 하롱베이 등 아시아 속에는 진정 아름다운 곳이 숨어 있었습니다.

일본은 아스팔트도 흰색으로 된 곳이 많아 건물들의 흰색과 어울려 청결해 보이고 또 실제로 깨끗이 유지되었습니다. 국민들이 너무 영어를 못 해 여행하기엔 불편했어요. 일본 평화공원을 들렸는데 그 평화의 상이 수모레스링 젊은 근육상이 걸작 품으로 높이 앉아 있습니다. 그런데 손가락은 하늘로 찌르는 것을 보니 조용한 평화의 정신에 거부감이 들었습니다. 그리고 그 공원이 죄지은 한국인과 중국인의 감옥소가 있던 자리라고 설명을 하고 있으니까요. 한국인이 무슨 죄를 많이 지어서 그 감옥소에서 머물렀을까요.

다녀본 나라 중에 저의 결론은 동양에서 여행하기에 가장 편리하고 제일 멋진 나라는 한국입니다.
한국의 봄이 이렇게 순진하고 아름다운데 또 한국의 가을은 얼마나 멋질까요.
지금 한국을 정성으로 가꾸어온 분들에게 찬사를 하고 싶어요.
아들도 한국이라는 나라는 아버지와 어머니가 태어난 곳입니다
전쟁 속에 부자유 속에 캐나다로 이민 온 부모의 나라가 이렇게 잘살고 있어 자랑스러워합니다. 그런데 아들이 더 좋아한 곳은 다음입니다. 명동거리.

- 수원에서 서울로 명동으로

우리는 아들이 컴퓨터로 할 일이 많다하여 서울로 향했습니다.
명동 한복판에서 4일 밤을 보내게 되었습니다.
말도 잘 안 통하는 아들이 명동의 밤거리를 혼자서 돌아보고 와서 참 재미있고 놀랍다고 말합니다. 다음 날 저녁에 같이 나가자고요. 옛날에 유부 국수를 먹고 금강 구두를 사고 신나게 돌아다니던 곳 명동거리
이젠 밤이 되면 야시장이 열리고 미국의 멘허탄 거리보다 화려하고 사람으로 꽉 찬 것입니다.

와! 먹을 것이 얼마나 신나게 많은지요? 내 나이에 젊음을 되찾아 돌아다닌 곳이 바로 명동입니다.

이곳에 돌아다니는 것이 너무 재미있습니다.

아들과 같이 이 명동거리를 다니는 것이 신이 나고 즐겁습니다.

밴쿠버는 밤에 나가서 돌아다니면서 놀 곳이 없습니다.

서울은 엔도르핀이 나오게 하는 생생하게 살아있는 도시 같아요.

다음날도 우리는 명동을 남대문 주변을 그리고 신세계 지하층에 펼쳐진 음식의 천국에서, 냉면도 사 먹고 롯데 지하 식당에 들려 비빔밥도 사 먹었습니다. 형부가 사준 비싼 갈비도 서울 가족들과 같이 먹었습니다. 한국에서의 먹는 즐거움은 대단한 것입니다. 가이드를 따라 여행을 다니면 그것을 잘 모르는데 개인 여행을 자유롭게 하니 돈도 절약하고 훨씬 재미있습니다. 이젠 중요하게 갈 곳이 어디가 남았나요? 경복궁입니다.

J 언니

경복궁에서는 외국인들의 한복 잔치가 열린 듯 한복을 입고 다닙니다. 젊고 날씬한 허리에 한복을 입으니 보기가 좋아요. 소수의 남자들도 한복을 입고 여자 친구와 손을 잡고 즐겁게 돌아다닙니다.

벚나무 꽃 아래서, 경희로 앞에서, 사진 찍는 젊은 남녀들. 나이 많은 사람은 저 밖에 보이질 않아요. 우리는 경복궁을 돌면서 사진도 찍고 박물관 구경이 아주 좋았습니다. 그리고 인사동을 거닐며 가게마다 들어가 보고 선물도 사고 그리고 또 먹을 것 이야기가 나오네요.

인사동 유명 만두집에 입성하였습니다.

이렇게 먹는 것에 즐거움이 있다는 것은 한국에 와서 알았습니다.

보는 것과 그리고 즐기면서 돌아다니는 것 먹는 것까지 이번 여행에서는 모두가 다 만점입니다.

한 가지 노인들이 더 많아지고 있다는데 그들의 모습이 시내에서 잘 볼 수가 없다는 것이지요. 전철에서 젊은이들이 스마트 폰에 열중할 뿐 나의 흰머리에도 자리를 양보하지 않는다는 것이 특이합니다.

제가 넘어질까 정성으로 나의 손을 잡고 다니는 아들에겐 믿기 어려운 동양의 모습 같아요.

그러나 자신의 부모들은 무척 사랑하리라 믿습니다.

- 명동에서 강남으로

명동에서 즐거운 4일 밤을 보내니 하룻밤만 더 자면 캐나다로 떠날 시간이 다가왔습니다.

강남스타일 노래로 유명했던 강남을 보고 싶었습니다. 스타일이 명동하고는 다른 강남 스타일 온통 성형병원으로 가득한 강남 시내를 보면서 아름다워진 한국의 젊은이들의 모습이 떠오릅니다.
서로 만족하는 아름다움을 즐긴다는 것은 기쁜 일이지요.

J 언니
한국에서 보낸 15일간을 저와 아들은 잊지 못할 것 같습니다.
엄마의 날짜와 맞추느라 애쓴 아들, 엄마와 같이 있을 시간이 많지 않으니 이번 여행은 가야 된다고 무슨 일이 있어도 가야 된다고 모든 준비를 해 주었다는 우리 착한 교수님 서양 며느리

내가 이민 가기 전에 준비한 부모님과의 법주사 여행이
내가 사는 동안 가장 잘한 일이라고 기쁘게 살았던 것처럼 준비하느라고 휴가 내느라 애쓴 우리 아들에게도 엄마에게 효도한 것이 훗날 행복한 날로 남을 거라 믿고 있습니다.

J 언니
저에게 캐나다에서 행복하냐고 물으셨지요.
저는 가끔 저 자신에게도 그런 행복지수 질문을 해봅니다.
자유와 희망을 찾아 무일푼으로 온 초기 이민자를 받아준 나라
제2의 고향이 되어 한국에서보다 거의 두 배로 열심히 일하

며 살아온 나라
 미세먼지가 없어 마스크 없이 살 수 있는 나라
 아직도 내가 일 할 수 있는 나라
 일한 대가로 책도 발간하고 다른 나라 여행도 할 수 있는 나라
 아들과 딸이 살고 있어 멀리 떠날 수 없는 나라
 무엇보다 나무가 많고 호수가 많고 자연 속에서 살기 좋은 나라이기에 행복하게 살고 있습니다.

 J 언니
 제가 지금 밴쿠버에 살고 있어도 한국이 잘살고 있어 얼마나 기쁜지요. 강한 조국이 그런 조국이 우리 이민자의 삶에도 얼마나 희망과 힘이 되는지요. 그리고 나이가 먹을수록 고향의 땅이 우리에게 얼마나 그리움의 나라가 되는지요.
 대학시절에 가보았던 내장사 상봉에서 찬란하던 가을 단풍잎을 다시 한번 만나고 싶어요. 울릉도의 성인봉에 올라 호랑나비의 춤을 다시 보고 싶어요.
 정녕 잊을 수 없는 내 고향의 나라입니다.

여행후기

2018년 1월에 밴쿠버를 출발하여 타이완에서 아시아 여행이 시작되었습니다. 딸이 열심히 준비해 주었기에 호텔을 찾아다니는 데 큰 어려움이 없었습니다. 인도나 캄보디아 같이 위험한 곳은 가이드와 같이 다니고 비행기 버스 크루스 배 택시로 이동하며 상하이 중국 계림을 끝으로 인천공항에 65일 만에 도착하였습니다.

4월 초에 인천공항에서 캐나다에서 오는 아들을 만나 한국 여행을 15일 동안 멋지게 끝내었습니다.

제가 경험한 아시아의 이번 여행은 남편과 제가 마지막으로 남겨둔 긴 여행이었습니다. 남편에 대한 그리움으로 적적함으로 흐르는 눈물을 닦아 내면서 여행은 계속되었습니다.

나와 아이들에게 독수리처럼 용감하게 잘 살아 달라고 부탁하고 떠난 남편 나에게는 용감한 독수리의 그림을 그려 달라고 하였고 아들에게는 그 독수리의 사진을 간직하라고 주었습니다.

사랑하는 사람들이 남기고 간 말 한마디가 삶에 크나큰 용기를 주게 됩니다. 그동안 혼자 여행하는 나를 보고 사람들이 놀라며 다정하게 도와주었습니다. 나에게는 먼 곳에서 항상 염려해 주는 남편의 모습을 믿고 있었기에 안심하며 돌아다닐 수 있었습니다. 이제 80일간의 아시아 여행은 막을 내렸습니다.

이 여행에서 내가 경험한 것은 세상에는 아직도 친절한 사람들이 많이 살고 있다는 것입니다. 그래서 이 세상은 아직도 살만하다는 것입니다.

그리고 한국의 봄이 내 조국이라서가 아니라 말이 통해서가 아니라 진실로 모든 조건을 다 가진 여행하기에 가장 편하고 아름다운 나라 넘버1 이었다는 것입니다.

"한국! 한국을 가보세요 아시아에선 혼자 여행해도 가장 안전한 곳. 가장 멋진 곳입니다."라고

J 언니
언니의 안타까운 소식은 수소문 끝에 듣게 되었습니다.
수학을 열심히 가르치는 정이 많은 선생님으로
깊이 기억하고 싶다고 눈물 글썽이는 제자의 모습
언제나 젊은 나이로 제 맘속에 살아계신
보고 싶은 언니
언젠가 우리 다시 만나는 날

한국의 이야기
캐나다의 이야기
사랑스런 한국의 봄 이야기를 다 들려드리도록 하겠습니다.
사랑하는 언니
사랑스런 한국에게

                                          밴쿠버에서
                                          최윤자 드림

▼ 유화 : 라이온스

제4부
생각하는 나무들

나는 누구인가

이 세상에 태어나 살면서
나 자신이 누구였는지를 스스로 생각해 본 적이 있는가
한때는 사춘기의 감성으로
한때는 첫사랑의 그리움으로
그리고 이 세상을 떠난 친구들과 작별을 고하고
멀리 떠난 이민의 선택은 나 자신을 찾는 데 바람직한 것이었는가
어머니의 별세
나는 어머니를 얼마나 알고 사랑하고 보내었는가
잃어버린 할머니의 사랑
나는 그 사랑에 얼마나 보답을 하고 살았는가
오고 갈 곳을 모르던 아버지의 번민을 나는 얼마나 생각하였을까
지금 형제들 사이에서 나의 모습은 어떻게 비치고 있는 것일까
나는 남편의 사랑에 마음을 다하였는가
누가 나를 진정한 친구라 생각해 주는 사람이 있는가
자식들은 훗날 나를 어떻게 기억해줄까
나는 이 세상을 누구처럼 살았는가

나는 세상에 태어나서 잘 살았는가 못 살았는가
세상을 떠나는 날 나는 무슨 일에 후회를 할 것인가
나는 부모만큼 정직하게 살았는가
나는 이 세상 사람들과 이웃에게 조금이라도 보탬이 되었는가
이 세상을 후회 없이 미련 없이 떠날 수 있는가
나는 누구인가
이렇게 오랜 세월 동안
이 세상에 와서 한포기 풀처럼 살고 있는 나는 누구인가

분신

— 아들에게

부모를 찾아 휴가를 온 너
며칠간 우리들의 즐거운 시간은 이제 끝이 나고 있다.
지금 공항에 서서
너를 떠나보내야만 한다.
해가 가면 갈수록 서러워지는, 이 이별은
그리고 두 뺨에 흘러내리는 이 눈물은

나 자신에 대한 외로움 때문일까
너에 대한 못다한 나의 정 때문일까
아니면 가는 세월에 대한 서러움 때문인가
우리가 이 세상에서 어떻게 만나고 서로 사랑하게 되었던가?

나의 선택으로 네가 내 몸속에 들어온 것도 아니듯이
또한 너의 선택도 아니었다.
그런 선택은 우리 힘으론 할 수가 없는 것
자연의 선택이었거나
신의 선택이었다.
타의적 선택으로 만난 우리가, 같은 몸에서 10개월을 밀착되어있었다.

같이 숨을 쉬고
너를 키우고
너를 타지로 성공시키겠다고 내밀어 보내고
그리고 이젠 시간이 많이도 흘렀다.

네가 결혼을 하고 올해는 귀여운 아내와 같이 찾아들고
또 오늘은 너의 집으로 먼 길을 떠난다.

우리가 이렇게 일 년에 한 번이나
그것도 우리가 서로 아무 탈 없이 지낼 수 있어야만 만날 수 있다면
  난 공항에서 너를 떠나보내며 마음속으로 헤이기 시작하였다.
  바쁘게 사는 너를 몇 번이나 더 만날 수 있을까
  그때부터
  공항에서 너를 보내는 날이면 내 눈 속에 눈물이 고이고 있다.
  너도 알고 있다.
  내 눈빛을 보며 안타까운 이별을 하는 어미를

너는 나의 분신
분신이였기에 떠남은 언제나 이렇게 외로움을 남긴다.
그러나 우리는 만남과 헤어짐의 이치도 알고 있다.

떠나간 오늘은 안타깝고 내일은 조금 덜하고 그다음 날은 조금 더 덜해져 바람이 지나가면서 이 마음도 쉽게 말린다는 사실도......, 그리고 차차 잊어지는 너, 잊어질 수 있는 나, 다시 행복한 날들이 찾아들고
해후의 만남
다시 안타까움에 어쩔 줄 모르는 나

결국 인간은 자신과 자식을 사랑하고 아끼고 보호하기 위하여 돈을 벌고 그 임무를 위해 이 세상에 태어나고 힘든 일도 마다하고 하고 있지 않은가 그것이 동물적인 임무라 하여도 나는 그 길을 소중히 택한다.
우리 또 만나자
다시 만나 이번처럼 숲속으로 떠나고 산길에도 오르자
자연의 아름다운 향기 속에서 삶의 시를 읽고 생명의 의미를 느끼자.

그리고 또 사는 날까지
헤어지고 그리워하고 또 만날 날을 애타게 기다리며 행복하게 살자
엄마가

산 그리는 세월

내가 숲을
먼저 그리워하게 되었는가
나무가 먼저
내 속으로 타 들어오셨는가

내가 먼저
그대를 마음에 두었는가
그대가 그냥
나를 안아 주셨는가

우리는 언제부터인가
서로 이야기하는 사이가 되었다

저 멀리서
강을 건너지 못해
바라만 보고 있는 산

내 영혼
그 숲으로 다가가네

산이 시가 되고
산이 화가 되어
같이 그림이나 그리자 하니

그럼 그래요
나도
강물 앞자락에
물감을 풀고 앉았습니다.

뉴스 속에서

오늘은 여기 시간으로 2007년 12월 10일이다.
남북의 기차 길이 막힌 후
56년 만에 처음으로 이동하는 기차를 남편과 같이 감격스럽게 텔레비전으로 바라보고 있다.

남편이 말한다.
"저 가까운 곳을 이제야 갈 수가 있다니"
1943년 내 나이 5세 때였지
어머니는 기차역에서 아이들을 치맛자락으로 병아리처럼 품고 계셨지
우리 어린 5형제들은 추위에 발을 동동 구르며
숨어서 기차에 올랐어.

그때는
지주들이 밤중에 도망하는 줄 알면 큰일 나는 세상이었으니까
일가친척도 없는
알지도 못하는 낯선 땅으로 말이오.

부모님이 이북에 남아있는 딸을 찾으러 가고 싶어 하던 곳
이었는데
　그 땅에 가서 머리를 눕고 싶어 하셨는데……,
　이젠 저렇게 그 기차가 달리고 있다니 감개무량하구만

　우리 예쁜 누이가 살아있으면
　지금은 나이가 많으실 터인데 나를 알아보시기나 할까?

　나도 저 기차 타고 가보고 싶소.
　남편의 눈에 붉은 기운이 감돈다.

　이 설움이 다 누구의 잘못으로 온 것일까?
　같은 형제를 몇십 년을 갈라놓고 있는 그대들은 누구인가?
　남쪽 들길로 신발을 가져오고 북쪽 산으로 도로 공사 품을
나른다는 기차
　그 기차도 오늘은 큰소리로 목청을 높이고 있을 것이다.

혼자만의 하루

자유가 그리워
아무도 없는 섬나라
바다와 파도 소리 들리는 섬나라

숲과 풀들이 손짓하는 외로운 섬
아득한 저녁놀에 파도가 금빛으로 부서지는 곳

홀로 앉아 먼 바다를 구경하고 싶다

아무 생각도 없이
그저 바다를 바라보며
그저 먼 세상을 바라보며

나도 잊어버린 체
내가 이 세상에 살고 있는 것도 잊어버린 체

자연 그대로
그리움도 지워지는
바다 곁으로

밀리는 파도 속에 외로이

혼자만의 하루를
만나고 싶다

새벽에 우는 새

그리워서
보고파서

아니요

그저 그저 울어요

오늘 살고 있음에
오늘 살고 있음에
그저 그저 울어요

☻☻ · 사랑스런 한국에게 아름다운 밴쿠버에서

행복한 사람

그중 한 가지 대답은 얻은 듯 했습니다.
발전하는 것. 자유라는 것. 배움이라는 것
한 인간이 이루고자 하는 희망이나
어떤 배움이 간신히 성취되면 다음을 향해서 출발하지 않는다면 그 생은 다시 무료해지기 시작한다는 것입니다.
배움의 만족은 종점이 없이 죽을 때까지 계속되나 봅니다.
오늘도 배움의 빛 속으로 자유롭게 달려갈 수 있는 사람은 행복할 것 같습니다.

후레저 강

바람결에 소슬히 떨며
강물이
뒤돌아보지 않고 떠나고 있다.

마른 풀잎도 전나무도
숲도
나도
조용히 강을 바라보며 서 있다.

오늘은
자작나무 새순 내는

후레저 강에 서서
묻고 싶구나.

우리는 왜
태어나서
살아나서
이곳까지 오게 되었을까

그리운 할머니
어머니
보고 싶은 아버지

멀리멀리
바다 멀리

우리는 왜
태어나서
살아나서
이곳까지 오게 되었을까

차 한 잔

창밖에 촉촉한
가을비 내리고

바람에
흩날리던 낙엽들
귀 끝만 세운 채
젖은 땅 위에 누워 잠이 들고

눈꺼풀 접는 하늘이
빛을 내린다.

앞에 놓인
뜨거운
차 한 잔

그 속이......,
장미 빛으로 타들어 가고 있다.

빛으로 태어나서
빛으로 사라지는 우리들

우리는
그동안 얼 만큼 이 세상을 밝히고 있었을까

핏 호수

맥 (핏 호수 이야기)

숲맥, 산맥, 인맥

이 글 속에서 나오는 숲맥 산맥 인맥, 이 나에겐 모두가 흥미 있는 까닭은 무엇일까? 사람으로 태어난다는 것은 부를 누리고 싶다.

더불어 자연과 더불어 아름답게 살아가고 싶고 길게 장수하고 싶은 욕망이 깊은 마음 바닥에도 깔려있기 때문일 것이다. 그러나 순수하게 알고 느끼고 싶다. 한 인간이 평화로이 살아가는 마음의 기준은 어디에 둘 것인지? 핏 호수의 방문은 자신이 생각하며 노력하며 확보하는 것이라는 것을 배우는 좋은 기회가 되었다.

숲맥 이야기(금맥)

지금부터 100년이 더 넘는 1890년도의 핏 호수 뒷산에 펼쳐있던 금맥의 이야기이다. 인디언들이 살고 있던 땅에 원주민 슐맥이라는 60세 되는 사람이 있었다. 이 사람은 그때 당시 밴쿠버의 큰 시내였던 뉴웨스트민스터에 어디서 구했는지 호두알만큼이나 큰 순금 덩어리를 보따리로 가지고 나타났다. 어떤 때는 일주일을 어떤 때는 한 달 두 달을 자취가 없어졌다가 다시 순금 덩어리를 들고 나타났다. 인디안 예쁜 처녀는 하녀로 계약을 하고 그와 같이 핏 호수로 떠나가기도 했다.

 나중에 알고 보니 그가 데려간 백인 여자 셋과 인디안 하녀 다섯이 행방이 묘연해진 것을 알게 되었다. 의문 속에서도 증거가 없어 소곤소곤 소문만 퍼져나가는 중 다른 부족 인디안 두 사람이 카누를 타고 핏 호수로 숨어들게 되었다. 그 중 한 사람이 카누에서 내리자마자, 수풀 속에 있던 슐맥이 그대로 총을 쏘아 숨지게 하였다. 카누에 숨어 살아남은 인디언이 도망하여 이일이 알려지자 슐맥을 감옥에 넣었다.
 한 인디안 여인이 금을 한 보따리를 카누에 싣고 급하게 법관에게 달려왔다. 슐맥을 죽이면 금광도 찾을 수 없으니 이 금을 다 받고 슐맥을 제발 살려 달라고 애원 애원하였다. 허나 법정은 성급하게 서둘러서 이 사건의 막을 내려버렸다. 이로 인하여 이 슐맥이 사형당한 기사가 미국 신문까지 실리게 되었다.
 슐맥이 감추어둔 금광을 찾기 위하여 용감한 사람들이 이 핏 호수의 산맥을 향하여 소리 죽여 길을 떠나기 시작하였다.

이곳에 들어간 것으로 알려진 사람들 중 (솟웰 해리글로, 볼케니 브라운 등) 생사의 소식이 끊어져 버린 숫자가 많아져 25명에 이르게 되었다. 드디어 소문이 확대되자, 헬리콥터와 3사람의 전문 탐험대가 동원되어 10일 간의 탐험이 시작되었다. 열흘을 다니면서 죽음의 산이 보도되었다. 인간의 손이 닫지 못한 무지의 깊은 산은 낭떠러지 계곡과 미끄러운 돌, 급경사에 가파르고 안정된 지역이 아니었다. 거기에 날씨의 변화가 심하여 순식간에 손발이 얼어붙을 정도로 기온이 급강 하였다.

보기엔 평화로이 덮인 눈, 보드라운 눈 속에 감춰진 글레시야 밑으로는 얼음이 갈라져 잘못 디디면 지옥으로 통하고 있었다. 이곳엔 산 염소를 잡아놓고 아직도 먹지 않은 것이 있었고 무서운 그리질리 곰이 살고 늑대들이 돌아다니고 있었다. 금을 찾다가 돌아오는 산길에 얼어 죽은 사람이 발견되었다. 금을 캐던 장소도 발견되었으나 사람들은 찾을 수가 없었다.

산맥 이야기

지금도 이곳은 겨울이면 호수 너머로 눈 덮인 산봉이며 주위를 가르는 협곡이며 말할 수 없는 대자연이 호화경치를 이루고 있다.

흘러간 100년 전 금맥의 이야기를 모르는 듯 핏 호수는 아직도 그림처럼 아름답기만 하다. 핏 호수 앞에는 핏 폴더라 하여 넓은 늪지가 새의 서식처로 보호 받고 있는 곳이다. 이 서식지 옆으로 산행길이 열린다.

봄날이면 가족들이 호수 앞으로 펼쳐진 늪지대의 둑 위를 자전거를 타고 멀리멀리 돌아다닌다.

새들이 산 듯 산 듯 낮은 숲 속으로 날아든다. 이곳에는 봄이면 백조들이 새끼를 낳으려고 먼 숲 풀 속에 조용히 앉아 있는 것도 볼 수 있다. 호수 속에 주위의 깊이를 알리려고 박아 논 기둥 위에 독수리가 집을 짓고 새끼들이 고개를 내밀고 어미를 기다리고 있는 것을 보았을 때 참으로 경이로운 풍경이었다.

하루는 호수 줄기를 따라 카누를 타고 노를 저어갔다.

신선한 진초록 풀들이 머리를 풀고 미역처럼 하늘거렸다, 강줄기를 따라 숲의 들창을 내다보면서 평화로운 자연 풍경에 물씬 도취되었다. 카누를 호수 기슭에 매어두고 가는 길엔, 계곡 사이로 맑은 강물이 흐르고 있었다. 가끔 펼쳐지는 모래바닥엔 흐트러진 풀잎이 소곤거리고 큰 나무 잎사귀들이 너풀거리며 강가에 그늘을 지우기도 했다. 흐르다 멈춘 초록빛 깊음 속으로 젊은이들은 높은 곳으로 기어올라 두레박처럼 철벙 철벙 낙하하기도 하였다. 돌무더기 위로 폭포수가 신나게 쏟아지는 곳에서 우리도 쉬기로 하였다.

사람들이 바위 곁에 앉아 흐르는 물결을 한 줌 쥐어 아 차차하며 얼굴을 비벼대고 얼음 같은 물속에 발을 넣기도 하고, 대부분의 사람들은 이곳을 종착역으로 되돌아가는 듯하다. 이곳은 핏 호수가 도라지 뿌리처럼 양쪽으로 갈라져 나가는데 잔뿌리 쪽인 왼쪽을 카누를 타고 간 곳이다. 바른쪽 긴 뿌리 쪽으로 간다면 호수가 25키로 미터나 더 펼쳐 있다. 스피트 보트를 타고도 멀리멀리 더 가야 할 것이다. 그리고 그 호수 뒤로는 그 아름다운 금맥의 계곡이 펼쳐지고 눈 산맥이 이어질 것이다.

인맥 이야기

말없이 조용한 그 분이 짓는다는 집은 호수 마지막에 있다고 하였다.
트럭 뒤에 항상 21휘트나 되어 보이는 배를 달고 다니는 이 두 사람은 아버지와 아들이다. 일주일에 한두 번씩 가스를 채우기 위하여 우리 주유소를 방문하였다.
이 배를 어디에 띄우십니까? 하고 남편은 물었다.
코퀴틀람의 핏 호수로 갑니다.
거길 자주 가십니까?
그 곳에 집을 짓고 있거든요
아 네,
저도 핏 호수에 카누를 타고 가서 하이킹을 한 적이 있는데 보통 아름답지가 않았어요.
그분이 집 짓는 곳은 우리가 간 곳이 아니고 바른쪽으로 호수가 25키로 미터의 길이로 펼쳐 있는 가보고 싶은 바로 그곳이었다. 스피드 보트로 30분 정도 달려서 23키로 미터 지점에 긴 호수가 막을 내리치는 벼랑에 집을 짓고 있다는 것이다. 아마도 그 옛날 슐맥이 금을 숨겨두었던 그 산맥의 입구일지도 모른다.

"슐맥의 이야길 들으셨나요?"

"예 잘 알고 있습니다.

역사에 묻힌 이야기이지요.

알고 보니 그곳을 헬리콥터로 조사하던 사람이 바로 옆에서 살고 있었습니다."

"어마나, 그런 일이요?"

"그곳이 너무 좋아 집을 지은 것이지요.

막상 집을 지으려니까 배로 재목이며 물건을 하나하나 나르는 일이 제일 어려워요."

"직업이 건축가이신가요?"

"영화계 세트를 짓는 일을 좀 했었지요"

"짓고 있는 집을 한번 구경 할 수 있을까요?"

"아직 짓는 중이니 다 건축되면요 같이 가보시지요."

우리는 일 년을 기다리고 이년을 기다리고 삼 년을 기다렸다. 대체 얼마나 큰 집이길 레 그토록 오래 걸릴까 풀리지 않는 단추 속 같은 의문을 가지고 있었다.

"아주 큰 집인가 봐요"

"아뇨 1400 스퀘어휘트 정도 됩니다."

보통 집들이 2000스퀘어휘트는 넘는 데 작은집이 그토록 오래 걸린다면 ?

재정이 부족하여 돈을 벌면서 짓는 집일지도 모르기에 남편 보고 더 이상 묻지 말고 좀 더 기다려보자고 하였다.

날씨가 화창한 봄날, 드디어 우리는 그분의 차를 타고 보트를 타고 신나게 물살을 가르며 핏 호수를 달리고 있었다. 스피드 보트를 타고 30분을 달리며 구경한 핏 호수가 밴쿠버 내 코퀴틀람에 있으면서 이렇게 아름다우리라고 는 상상도 못 했다.

호수의 23킬로미터 지점인 커쿠스포인트

앞에는 600휘트나 깊은 호수가 푸르디푸른 물결을 자랑하고 있었다.

그 물결 위로 70휘나 된다는 높은 바윗덩어리가 치솟고 있었다.

그 뒤로 멀리 보이는 눈 산은 아마도 그 유명한 슐맥이 금을 찾던 산맥들일 것이다. 깊은 호수 가로 솟아난 바위들의 주변이 눈길을 사로잡았다. 몇 채의 집들이 높고 낮게 바위등 위에나 그 사이에 자리하고 있었다. 그중 제일 높은 바위 위에 새집이 세워지고 있었다.

배에서 간신히 내려 바위 위로 지그재그로 돌아 만든 나무 계단 밑으로 서슬하게 깊은 물을 보며 아슬아슬 올라가기 시작했다.

"대체 계단 수가 몇 개나 되나요?"

난간을 꼭 잡았다. 아래를 보면 다리가 떨리고 무서운 계단

이다.

" 98개단 이지요. 여섯 번을 돌아 오르게 됩니다.

첫해는 이 98개의 계단을 신축하는데 일 년이라는 시간을 다 보내었는데 둘이서 하기엔 참 힘든 작업이었습니다."

바위 위에 쐐기를 박고 일층 기둥을 올리고 나무를 돌리는데 다시 일 년을 보내었다고 하였다. 온몸에 밥줄을 둘둘 말고 공중에 떠서 지붕을 올리는데 다시 1년을 소비하였다고 하였다. 지금 돌아보니 자신도 어떻게 할 수 있었는지 상상이 안 된다고도 하였다.

이집은 79세 된 아버지와 50세 되는 아들 단 두 사람이 짓는 집이다.

4년째 들어가는 집은 난간에 서면 무서운 바다 위에 떠 있는 것 같았고 페인트도 칠하지 않은 채 신선한 송진 냄새를 풍기고 있었다. 스토브에 커피를 데우며 미소하는 조용한 이 용감한 사람 앞에 무어라 말을 해야 할지 좀 당황스러울 정도였다. 어쩌면 파이온이어 정신을 가지고 온 캐나다 개척자의 용감한 후손일 것이라는 생각만 머리에 떠올랐다.

우리가 보지 못한 그 옛날에 이 나라가 이런 사람들이 모여서 세워졌고 우리 같은 이민자도 불러들이게 된 것이구나 하고 짐작할 뿐이었다.

"집은 언제쯤 끝날 것 같은가요?"

"이제 페인트를 곧 칠하려고 합니다."

아름다운 나뭇결로 된 높은 천장을 바라보며 그분은 벽을 자랑하였다.

"벽에 댄 지부 록은 한 장 한 장씩 98개단을 누가 옮겼는지 상상이나 하시겠어요?"

"설마 아버님은 아니시겠지요?"

"사실 어떤 날은 이 한 장을 옮기는 것으로 아버님은 그날의 일을 마치시기도 하셨지요. 지금은 난간이 있어 안전하지만 물건 나르는데 거추장스러운 문제가 있어 난간도 없는 상태로요 가끔 돌아가는 코너 부분에만 난간이 있었지요. "

난간을 집고도 지옥으로 떨어질까 눈을 감고 싶었던 그 98계단을 79세 된 아버지가 그 무거운 지부 록을 혼자서 지고 올라갔다니 …….

내 머리로 더하기 빼기 곱하기를 하고 나누고 뒤집어도 상상하기 어려운 문제를 어떻게 풀어야 할까?

혼자된 아버지와 서로 의지하며 딸 하나를 데리고 살고 있는 조용하고 참신한 사람이다. 아내와의 뜻밖의 이별, 남겨진 어린 딸을 키우느라 깊은 정 이야기를 들으며 내 눈가에도 눈물이 맺히려 했던 순간, 나는 호수 위로 떠 있는 백조들의 모습으로 눈길을 돌리었다.

어디서도 흔히 본적이 없는 백조들이 호수가로 하얗게 조용하게 떠 있었다.

돌아오는 뱃길 위에서 본 핏 폴더의 풍경은 조용하다 못해 사물이 숨도 안 쉬고 멈춘 듯한 풍경이었다. 밴쿠버에 이렇게 잔잔하고 그림처럼 조각처럼 아름다운 넓은 호수는 일찍이 본 기억이 없었다. 멀리 안개 속에 펼쳐지는 핏 호수는 조용한 한 폭의 동양화였다.

그분은 호수를 바라보며 조용히 생각에 잠긴 듯 말문을 열었다.

"난 이 집이 아버님의 마지막 작품일지도 모른다고 생각하지요. 혹시 사람이 목적이 있고 끝내야 할 일이 있을 때 그 일이 끝날 때까지는 인맥을 늘인다는 것을 생각해본 적이 있나요?"

심각한 우수에 잠긴 그분의 말을 알아차리는 데는 잠깐 시간이 흘러갔다.

"그럼 그래서 집 짓는 속도가 느려지고 있었나요?"

"이 집을 쉽게 끝내고 싶지 않은 제 마음을 짐작하시는군요"

집에 돌아온 뒤에도 그 아득하고 온화한 말을 잊을 수가 없었다.

나는 아버님과 오래 살고 싶어 하는 인맥이 걸린 그 집이 완성되지 않을지도 모른다는 생각에 잠겨있었다.

사랑을 위하여 금덩어리를 다 내놓고 슐맥을 살려달라고 울부짖는 원주민 여인이 있었던 것처럼,,,,,

그분의 가슴은 아버지의 사랑으로 가득하였다

그 분의 마음도 아버지의 인맥으로 가득 차 있었다. 사랑은 위대한 것이다. 그래서 사랑하는 사람의 생명의 연장도 위대한 것이다. 핏 호수는 조용히 그렇게 말하고 있었다.

▼ 유화 : 모레인 호수

제5부
새해의 노래

캐나다 카페 문학 모임

우리는
은 모래사장을 밟고 다니는
자유로운 샌드파이퍼

우리는 숲속
새벽이 열리는 소리를 듣는
자연이라 부르고 싶네.

우리는 카페에 모여
커피 한잔 마시고

시도 그리고 수필도 만들어
주렁주렁 하늘에 걸고 싶은
외로운 나그네들

오늘은 새사람들 만났으니
반가운 마음
그대들 향하여
찬가를 부르리오

(2006년 새해 문학모임 당선자들을 위하여)

마음이 순해지면

마음이
꽉 차 있으면
별들이 들어와
쉴 자리가 없어요

마음이
비워지면
달님도 찾아들고
그대 향한
하얀 바람 소리도 들려와요

마음이
순해지면
꽃밭에
흰나비 노랑나비
자연의 환희 속에

서로를 반기며
오늘 하루를
그대와 같이
춤추며 살아가요.

- 2015년 새해에

새해가 밝아왔어요

해는
날마다
솟아올라도
그저 행복하고 신선한 모습

우리 비가 내리면 비를 맞고
풀잎과 꽃들을 만나고
산길을 걷고
눈이 내리면 눈을 맞고
즐거워 하려 합니다.

빈손으로 와서
삶에 지쳐
아무것도 내어 줄 것도 없는 우리

생명을 키우는
해와 비와 눈
하늘을 우러러

삶을 고마워하고
친구들을 아끼고
자연을 보살피고
부모 자식을 사랑하며
보내고 싶은 새해가 밝아왔군요.

친구님들 선배 후배님들 여러분들
안녕하시지요
지난해 제가 받은 우정과 사랑을
마음 다하여
다시 보내드립니다.

(수도여고 홈페이지에 올린 글 2008년)

새해의 기쁨

반짝이는 순간이 있어
우리 생명도
그런 별빛이 되었으면 좋으리오

바람 부는 산속에 같이 머무는
그런 나무가 되어도 좋으리오

숲은 말이 없고 가만히 있어도
아침 숲속에서는 마음 가득 하다오

순간이 있어
하늘이 열리고 새벽을 기다리는
강물이 흘러가네요.

바람이 지나가듯
숲과 나무 그리고 안개들도
찾아드는 새벽

오직 그대들과
우리 곁을 머무는 것은 시간
우리를 살아있게 하는 순간들이라오.
속사이며 같이 갈까요

우리에게 남아 있는
별처럼 반짝이는 순간이 있어요

우리 살고픈 시간과
길을 떠나려 하오
희망의 아침햇살
눈 부신 곳으로

(2011년의 새해)

눈부시게

겨울 햇살은
나비와 같다.

은은한 날갯짓으로
눈산 위로
바닷물결 위로……,
살살 날아와서

모래사장 위에도
앉는다.

햇살은
살랑살랑 내려와
잠깐 앉았다가
떠나는 노랑나비의 날갯짓

겨울 햇살은
화사하게 미소 짓는다.

삶은
오늘도
내일도
신선한 나비의 날개
바다에 내려온 햇살

그대
그렇게 살아요.
그렇게 살아요

아주 눈부시게

       (투와산 바운더리베이에서)

▼ 유화 : 레인보우 호수

제6부
편애, 사랑스런 것들

편애

내가 세상을 떠났을 때 처음 찾은 사람은 할머니였다.
할머니가 산다는 곳을 물어물어 갔을 때, 나는 그 동네가 어려서 살던 곳이라 착각할 정도로 비슷하다고 느꼈다. 들어가는 길에 집 담 밑으로 개울이 졸졸거리며 흐르고, 매미 소리 같은 것이 울렸다. 포플러 나무 사이로 바람이 불어왔고 콩밭이 있었고 흰 꽃들로 얼룩진 목화밭도 지났다. 나의 마음은 17년 전에 돌아가신 할머니를 만나는 기쁨으로 전율하였다. 나는 커다란 대문을 삐걱 소리를 내며 열고 들어갔다.
"할머니 저 왔어요."
나의 목소리는 감격에 차서 울음 반이 되었다. 할머니는 대청마루에 서서 나를 기다리고 계셨다.
"그래 정말로 네가 찾아 왔구나."
나의 손을 잡는 할머니 눈에 눈물이 맺혔다.
"그동안 나는 얼마나 너를 보고 싶어 했는지 모른다."
"할머니 저 두 그랬어요.
할머니 생각을 하면 가슴이 아파서 길을 운전하며 가다가도 눈물이 뺨으로 흘러내렸어요.
이렇게 만나다니 꿈만 같아요."

"순이야, 아마도 마지막 떠나는 날 서로 보지 못해서 그랬을 것이다.

나도 서럽게 우는 소리를 들었다. 내 가슴도 여간 아프지가 않았어."

"그런데 할머니가 가시는 날 일부러 저의 꿈에 나타나셨나요? 저는 그동안 살아가면서 그것이 너무나 알고 싶었어요. 할머니 할머니는 복사꽃처럼 환하게 하늘로 떠나시며……,

저를 찾고 있는 것이 너무 이상하여 꿈에서 깨어났던 것이예요."

"그래 순이야 내가 떠나는 마당에 어떻게 너를 찾지 않겠니? 정말 보고 싶어 견딜 수가 없었단다. 그래서 내게 죽음이 다가오는 순간부터 내 정신과 육체의 죽음이 교차되는 순간까지 온 영혼을 다하여 너를 부르고 찾았단다. 그때 나는 보았어. 너는 밤중에 내 목소리를 듣고 일어나 무릎을 꿇고 내게 빌고 있었어. 지금 그곳에 갈 수가 없어요. 어떡해요 할머니 나 용서해주세요 용서해주세요라고 절규하는 네 목소리를 듣고 있었단다."

"순이야

몸은 태평양 건너 멀리 있었지만, 마음만은 어디든지 서로 통할 수 있다는 것을 나도 그때야 알았단다."

"할머니 저도 그날 일은 너무도 생생하여 사는 동안엔 잊을 수가 없었어요."

"순이야

우리의 다정한 마음은 죽음 끝에서도 서로 통한다고 나는 믿는다."
 "저도 그래요, 할머니"
 "우리의 사랑이 다 불타버린 줄 알았는데 아직도 끝나지 않고 이렇게 만나서 그리워하는 것을 보면!"
 할머니의 목소리는 여전히 부드럽고 솜털처럼 따뜻하였다. 그랬다.
 나는 그녀가 간 뒤에도 단 십분 만이라도 만나길 언제나 소원했었다.
 그녀는 내가 살면서 가장 나를 사랑해 준 사람이고 나의 사랑을 가장 아프게 가져간 사람이었다. 내가 세상에 다시 태어난다 해도, 나는 신에게 그녀를 나의 할머니로 다시 만나게 해달라고 빌고 싶었다.
 그녀 무덤 앞에 작은 풀꽃으로라도 다시 피어나서 그녀를 만나보기를 원하였다. 그녀는 내 어린 시절, 내가 존재할 수 있는 수분이었고 흙이었다. 무르익은 복숭아처럼 달고 진실한 마음을 내 머리에서 발끝까지 부어준 특별한 분이었기에 내 마음속에 이슬처럼 맺혀서 그분을 한없이 찾고 있었다. 할머니는 이제 내 손을 잡고 어려서 놀던 텃밭을 가보자고 하였다.
 집 마당을 돌아가 우물이 있었고 반대편에는 아름다운 텃밭이 있었다.
 탱자나무가 가시를 달고 별 같은 탱자 꽃이 울타리에 눈꽃처럼 가득히 피고 지고 있었다.

"순이야 이 탱자를 먹어보렴."

"그건. 너무 시어요. 할머니."

"그럼, 한번 깨물고 한쪽 눈을 감고 뱅글뱅글 돌아보렴."

"그랬어요. 생각이 나요 할머니"

나는 그 탱자 울타리 밑에 눈물겹게 서 있었다.

그 밭에는 아직도 윤기가 반들반들한 보랏빛 가지들이 탐스럽게 달려있었다. 그 나머지는 쑥갓 고추 상추 파 마늘도 골마다 줄지어 심겨져있었다.

"순이야 너는 이 밭을 지날 때면 도 가리를 틀고 앉아 있는 뱀이 무섭다고 내 치마 끝에 매달리곤 했어."

할머니는 그때처럼 환하게 웃고 있었다.

"놀라 넘어지는 그 뱀을 할머니는 친구라고 하셨지요."

할머니는 예전처럼 또 웃으시었다.

"새벽이면 이 대나무 숲에서 잠자던 잠자리나 호랑나비도 생각나겠구나."

"할머니 저기 보세요 왕잠자리가 아직도 자고 있어요. 어서 잡아주세요."

나는 할머니가 밭을 돌보는 동안 그 텃밭에서 사금파리로 그림을 그리던 어린 시절이 다시 그리워졌다. 할머니는 22살에 남편을 잃었고 시아버지와 같이 살았다고 하셨다. 나는 방안에 사진으로 걸린 얼굴이 긴 상 할아버지나 상 할머니를 본적이 없었다. 내가 알고 있는 할머니는 언제나 혼자였었다. 할머니는 나를 데리고 산에도 올라가고 바닷가도 내려가고, 논을

휘둘러보았고, 밭을 돌아다녔다. 누구보다 아름다운 자태와 깨끗한 용모는 할머니가 다니는 길목을 환하게 비추었고 나는 그런 고운 모습의 할머니와 다니는 것이 꽤 자랑스럽고 기뻤다.

할머니는 싱싱한 게를 고추장에다 막 버무려 요리를 하셨는데 지금 생각해도 그 맛은 군침이 도는 것이었다.

"순이가 게 맛이 단단히 들었구나.

오늘 배꾼이 고기 잡아 들어오기 전에 우리도 뒷 강변으로 가보자."

할머니는 나를 꽁지에 달고 산을 오르고 다시 내려가 펄떡펄떡 뛰는 생선과 이리저리 기어 다니는 게를 사 들고 집으로 돌아왔다. 텃밭에 나가 쑥갓이나 시금치나 아욱을 뜯었고 새우나 조개를 넣고 된장을 풀어서 할머니는 맛있게 국을 끓이셨다. 생굴과 송송 쓴 파를 많이 넣고 찐 계란은 할머니가 자주 만드는 맛있는 요리였다.

"아! 이 맛있는 것을 다시 먹어 볼 수 있다니!"

나는 금시 입이 함박꽃이 되었다.

"그래 그동안 못 먹어본 것 많이많이 먹어라."

할머니는 내 옆에서 예전처럼 밥 먹는 나를 기분 좋게 바라보고 계셨다. 할머니는 다락으로 한쪽 무릎을 짚고 한번 쉬였다가 올라가시더니 함지박에 감을 들고 내려오셨다.

"할머니 그 함지박은 제가 캐나다로 가져갔었는데요."

"그랬었구나. 그래서 이것 하나만 지금 내 손에 남아있구나."

할머니는 한숨과 미소를 지어 보였다.

"할머니! 얼마 전에 시골에 잠간 들렸었는데 할머니가 쓰시던 물건은 하나도 없었어요. 장롱부터 놋그릇, 수저 가락까지 아무것도 없었어요. 심지어 벽시계도 골동품 장사들이 이 동네를 다 뒤지고 돈을 많이 주고 다 사 갔어요. 제가 할머니를 기억할 수 있는 것은, 할머님이 다락에다 먹을 것을 담아 저를 주셨던 그 함지박, 다 떨어진 함지박 박에 없었어요. 저는 그 함지박을 보자 너무 반가워서 눈물이 날 정도였어요. 그래서 그 함지박을 소중히 안고 다시 캐나다로 갔어요."
"그랬었구나."
"함지박에는 항상 너를 줄려고 사탕도 담고, 산자도 담고 부수게도 담고, 감자도 담고, 사과도 담고, 감도 담았었지."
할머니는 눈을 지그시 감고 다시 나의 손을 잡았다.
"순이야 그 장롱이 없어졌다면 그 장롱 속 밑에 감춰 놓은 돈도 못 찾았겠구나. 쯧쯧!" 할머니는 가느다란 신음 소리를 내었다.
나는 갑자기 할머니를 부르며 울음이 터질 뻔하였다.
"할머니 알아요. 언니로부터 그 장롱 속에 감춰 두었던 돈 이야기는 다 들었어요."
나는 행복했던 유년 시절로 돌아갔다.
할머니는 내가 방학 때마다 시골에 가면 벼농사 지은 것을 팔아서 서울로 떠나는 내 손에 꼬깃꼬깃 접은 돈을 주셨다. 한 번도 아니고, 두 번도 아니었다. 방학이 끝나면 언제나 나는 부자가 되었다.

나는 그 돈으로 공책도 사고, 옷도 사고 만년필도 샀었다. 그리고 할머니에게 줄 예쁜 구슬 핸드백도 샀었다. 할머니도 그 구슬 핸드백을 동네 사람들을 불러다 자랑하실 때 가장 행복해 보였다.

"할머니는 저를 멀리 외국으로 시집을 보내니 보지 못해 서러워서 살 수가 없다고 하셨지요? 저도 돈을 드리고 싶었어요. 저도 한 번쯤은 할머니를 기쁘게 해드리고 싶었어요. 그런데 캐나다에서 제가 보낸 그 돈을 장롱에 감추고 손도 대지도 않으셨다고요?"

"순이야 캐나다에서 고생이 심하다는데 누가 그러는데 미국 돈 1000불을 벌라면 굉장히 고생을 해서 벌었을 것이라고 하더라. 할미가 그 아까운 돈을 쓸 수가 있다고 생각하냐. 생각하니 가슴이 아파서 못쓰겠더라. 네가 한 번은 꼭 온다고 하였으니 그때 써줄려고 기다리고 있었단다. 그래 우리 새끼 오면 줄라고, 미국 돈을 꼬깃꼬깃 장농 밑에다 아무도 모르게 감추어두었지."

나는 가슴이 맺혀서 할머니를 바라볼 수가 없었다.

"할머니! 언니가 그러는데 할머님이 돌아가신 뒤에 아버님이 그 돈을 장롱 속에서 찾아냈다고 했어요. 그리고 아버님은 돌아앉아 눈물을 훔치셨다고 하였어요."

"그랬었구나."

할머니는 조금 슬픈 눈으로 나를 바라다보았다.

"아버지는 만나보셨나요?"

"그런데 말이다, 사람은 나이가 들수록 부모에 대한 정을 더 기억하더구나. 너의 아버지처럼 말이야 누구나 마찬가지지! 살 동안엔 너무 살기가 망하고 바쁘다 보니까 자기 새끼들 거느리기도 온 힘이 빠지거든!"

할머니는 우스운 듯 처음으로 호호하고 웃으셨다.

나도 할머니를 따라 웃었다.

나는 아버지의 곧은 심정을 알고 있었다.

그러나 무뚝뚝함과 무심함도 알고 있었다.

그러나 아버지가 돌아가실 무렵에 할머니를 몹시 그리워하고 있었다.

따뜻한 할머니를 만난 아버지는 얼마나 행복했을까? 생각만 해도 가슴이 뛰는 일이 아닐 수 없었다. 나 역시 할머니를 만났기에 그 순간이 그렇게 가슴이 벅차서 어쩔 줄을 몰랐으니까. 나는 할머니 곁에 오래오래 있고 싶었다. 그러나 내가 스르르 잠든 사이 할머니는 내 손을 이불 속에 가지런히 넣어주시고 조용히 떠나셨는지 다시 볼 수 없었다.

내가 죽어서 두 번째 만난 사람은 어머니였다.

나는 어머니를 찾느라고 기진맥진할 정도로 돌아다녔다.

하늘에서 하늘로 구름에서 구름으로, 구름 동네를 지나 마을에서 마을로 어머니는 대체 어디에 숨으신 것일까? 그러다가 생각해낸 것이 어디 산속에나 가서 혼자서 자유롭게 있고 싶다고 하신 말씀이 떠올랐다.

　나는 심심 산중 덕유산 골짜기를 찾아가고 있었다. 골짜기 돌 들 사이로 흐르는 맑은 물 거기에 우거진 풀잎과 나무들, 단풍잎들은 바위에 떨어져 흐르는 물에 샤워를 하고 붉다 못해 핏빛을 토해내고 있었다.

　무주에서 구천동까지 가는 길이 멀고 먼 9십리 길 거문고소리가 난다는 청금 대를 지나, 가을밤 연못에 비추이는 신비한 달이 있는 추월 담에 다다랐다. 달빛 아래 은빛 물줄기가 장관이라는 월하탄을 지났다. 물이 맑아 거울 같다는 면경 담을 지나 선녀들이 무지개를 타고 내려와 놀았다는 구천 폭포에 이르러도 어머님의 모습은 찾을 수가 없었다. 구천동의 경관을 안고 있는 덕유산 주봉인 향적봉에 이르러 밑으로 내려앉은 산하의 아름다움에 심호흡을 하며 나는 향긋한 풀냄새와 공기에 취해 버렸다. 한잠을 자고 일어나 산을 위아래로 차근차근 둘러보아도 어머님의 모습은 볼 수가 없었다.

　생각 한 끝에 발걸음을 옮겨 단풍이 불타고 있을 내장사로 내려가기로 하였다. 아마도 어머님은 11월의 불타는 단풍 구경을 하러 떠나셨을 거야 아래서 멀리 올려다보니 돌산 위로 붉은 단풍나무 잎들이 여기저기 손끝을 대고 바람에 흔들리고 있었는데 그 광경은 진달래꽃으로 단장한 봄산 보다도 더 화사하고 수려하였다. 그 단풍은 내 마음을 진품으로 적시더니 영혼까지 황홀하게 흔들고 있었다.

　마침내 그곳을 천천히 기어올라 돌산 밑을 비스듬히 돌자니,

그 화사한 단풍나무 밑에서 조용히 나를 내려다보고 있는 반가운 분!

"순이야 이곳까지 찾아오느라 애썼구나!"

어머니는 감격에 차서 내 손목을 꼭 붙잡았다. 어머니의 따뜻한 음성이 녹아내려 뜨겁게 심장 속까지 다리미로 대리는 듯 하였다. 나는 어머님의 손을 잡은 채로 별 같은 어머니의 눈 속을 들여다보았다.

"너를 멀리 떠나보내고 네 생각에 잠을 이룰 수가 없었다."

"미안해요! 어머니! 편지를 그렇게 받고도 답장할 시간이 없었어요."

"그래 알고 있었다. 그동안 사느라고 많이 애썼구나."

"세상을 살면서 사는 고통을 인고라 하였던가?

그래 사는 동안은 사람들은 무엇이 중요한 것인지 모르고 세상을 살아가고 있단다. 나도 그랬었지 지금 와서 생각하니 무엇 때문에 쓸데없는 곳에 마음을 두고 살았는지 알 수가 없구나! 신이 창조한 것 중에서 물질에 빠져 버려 헤어 날줄을 모르는 것은 사람들뿐이란다.

물질의 속임수에 걸려들어 밤낮을 가리지 않고 노예가 되어 나도 그렇게 살았구나. 살면서 정작 필요한 것은 옷 몇 개와 이불 하나 베개 하나 신발 두 개 숟가락 등인데 우리는 사들이고, 자랑하기 위해서 살았더구나. 이리저리 치우느라 부산하고 정신만 없었지."

"어머니 그 물건들은 언젠가는 독소가 되어서 지구를 망하게 할 것이라 생각해요. 해마다 만들어내는 새 자동차들을 생각해 보세요. 세상이 차 쓰레기로 꽉 차게 될 것 같아 안타까워요."

"그래 나도 그런 생각을 하였다. 너무 많이 만든 독한 전쟁 무기는 버릴 때가 없어 전쟁을 일으키고 남의 땅에다 쏟아붓는 것이 아니겠니?"

어머니는 평화로운 옛날이 그리운 듯 먼 곳을 바라보았다.

"순이야 우리들의 유년 시절이 그립고 행복하듯이, 이곳에 오니 고생스러웠지만 내가 살던 지구의 세월이 그립고 다시 그 시절로 돌아가 보고 싶단다."

어머니는 입술을 다문 채로 엷은 미소를 지으며 나를 바라보았다.

"어머니 그동안 할머니는 만나보셨나요?

아니다. 나는 아직 날 수 있는 날개를 달지 못하였단다.

그리고 내가 병으로 고통 하며 사는 동안 할머니를 원망하였단다.

이제야 그 미움도 사라지고 나도 정신이 드는구나."

"어머니 미안해요

언제나 나는 할머니 편이었으니까요."

"그래 너는 언제나 할머니 편이었지? 내 속 타는 마음을 다 늘어놓아도 넌 항상 할머니 편에서 떨어질 줄 몰랐지 너는 나의 섭섭함을 의식하려고도 하지 않았어"

"할머니는 항상 혼자였어요. 난 그분의 영혼까지, 외로운 영혼까지 사랑한 모양 이예요."

"그랬을까?"

"그분의 사랑은 어린나이에 남편을 잃은 그래서 어디에도 도착하지 못한 그녀의 사랑은 어머니에겐 질식할 것 같은 그늘이었으나 우리들에겐 고운 달빛 같은 것이었으니까요. 그분의 사랑은 분리되지 않고 직선으로 순수하게 비추이는 그런 자연의 아름다움, 바로 그것이었어요."

"순이야
나도 알고 있단다. 그분의 사랑은 너무 순수하여 바닥이 다 보일 정도로 아무런 모사가 없었지."

어머니는 눈을 가늘게 뜨고 옛 생각에 잠기셨다.

"어머니!"

나는 그녀의 손을 잡으며 조용히 말을 이어갔다.

"할머니는 언제나 혼자였어요. 긴 겨울밤에도 뜨거운 대낮에도 그녀가 한숨을 쉬며 달빛을 바라볼 때도, 아니 그녀가 악착스럽게 방에 들어온 쥐를 잡아야 할 때도 그녀는 혼자였어요. 아시겠어요?

그래서 나는 혼자인 할머니 곁에 있어야 한다고 생각한 것이었어요."

"아마도 몸이 약한 내가 아이 셋을 키우기가 힘들어 너를 할머니에게 보낸 것이 너를 그렇게 만든 것 같구나."

나는 자식들 중에서 왜 하필 나를 할머니에게 보냈냐고 묻고 싶었지만, 입은 다물고 있었다.

"순이야 지금 말이지만, 내가 너를 키우지 못한 것이 미안하구나 너를 보면 마음이 아팠었다. 그러나 네가 병들어 돌아 왔을 때 내가 특별히 돌보지 않았으면 너는 살 수가 없었으니까 자식들 중에서 맛있는 것을 감추어 먹이느라고 내가 혼이 났단다." 어머니는 그때 스릴이 생각나시는지 호호하고 웃으셨다.

"알아요. 어머니 그런데 말예요 그 잠간의 편애 때문에 나는 형제들 사이에서 미운 오리 새끼가 되었어요. 나는 언니와 오빠와 놀고 싶었지만, 그들은 나를 밀어내고 놀려대기만 했어요. 어릴 적 인형놀이 하는 것이 너무너무 재미있었어요. 동생들과 인형 놀이를 싫었지만 두 동생들이 꼭 합세를 해서 내 인형을 항상 마구 두들겨 팼어요, 나는 매 맞은 인형을 안고 훌쩍훌쩍 울면서 잠이 들었어요. 놀이를 하고 싶은데 날이 새면 내 인형만 때리는 일은 반복 되었어요. 그때 일을 너무 아파서 정말 잊을 수가 없어요. 나는 내 불쌍한 인형을 지금도 꿈속에서 만나게 돼요."

"그랬었구나!"

"저를 살려 보겠다고 몰래 주는 눈깔사탕이나 파인애플 주스, 참외나 수박 등이 형제들을 몹시 화나게 만들었나 봐요. 갑자기 나타난 오리새끼 하나가 어머니의 치마폭에서 떨어지지 않고 있었으니까요. 어머니는 저를 보호하느라 애가 타셨겠지요.

어머니! 요즈음에 왕따라는 말처럼 저는 언제나 외톨이였어

요,

 아세요, 내가 왜 정다운 할머니만을 그리워하면서 살았는지?
 아마 어머니도 기억하실 거예요? 옆집 조그만 두 예쁜 영자와 영돌이 말이예요. 하루는 영돌이 엄마가 병든 애하고 놀지 말라고 꼬맹이들을 데리고 갔지요. 어찌된 일인지 동생들도 언니도 그 뒤부터는 저하고는 놀지 않았어요. 저는 홀로 절단된 채 신발이 널브러진 현관 유리창에 갇혀서 밖에서 마음껏 뛰놀고 있는 형제들을 보면서 얼마나 부러웠는지 몰라요."
 "그래 나도 기억이 나는구나.
 내가 너를 살리려고 애가 탔을 때 철없는 네 형제들은 편애한다고 느꼈을지도 모르지!"
 어머니는 잠깐 긴 한숨을 후후하고 내 쉬었다.
 "그런데 어머니 제가 그 후에 느꼈던 속마음을 지금 다 털어놓아도 될까요?"
 어머니는 궁금한 듯 나를 바라보셨다.
 "그래 나도 진실을 듣고 싶구나.
 나는 여전히 어머니의 딸이예요. 그것만을 믿어주시면 좋겠어요."
 나는 그동안 내가 느꼈던 진실을 이야기하기 시작하였다. 어쩌면 서로 오해를 풀 수 있는 말이 듣고 싶었으니까 나는 언니나 오빠가 공주나 왕자처럼 단장을 하고 찍은 어릴 때 사진을 바라볼 때마다, 내가 태어난 세상은 다른 것처럼 느꼈다고, 나의 어린 세상에는 할머니만 존재하였다고, 나의 세상에는 왜 어머니는 없었냐고? 어머니는 산후병을 앓고 있었고 어머니가 완쾌된 후에도 나는 시골에 왜? 돌맹이처럼 남겨져 있었냐고, 다시 어머니 곁으로 갔다가 다시 무더운 여름 아저씨의 자전거에 실려 나만 왜 어머니 곁을 다시 떠나게 되었는지? 나는 그 이유를 모른다고, 큰딸과 큰아들 동생들은 어머니 곁에서 사랑받고 나는 왜 어머니 곁에서 살 수 없었는지를

내가 건강을 찾았을 때 나는 심한 사춘기를 앓았다.
나는 배반당한 자신에 분노하였고, 견딜 수 없는 자아를 찾기 위한 부모의 관심과 사랑에 목말라 무너지기 직전이었다. 나는 자살을 꿈꾸기도 하였으나 그곳엔 언제나 할머니가 존재하였다. 사춘기가 막을 내리고 내가 더 철이 들면서 벽은 헐리고 어머니는 나에게로 돌아왔고 나도 어머니에게로 다시 돌아갔다.
우리는 속말을 다 할 수 있는 다정한 친구가 되었으니까
어머니는 나의 순수함을 사랑하였다. 그 순수함은 바로 달빛 같은 할머니로부터 전달된 것이었다. 지독한 결벽성 자연의 순수함 그것은 할머니로부터 키워지고 길들여 진대로 그대로 전달된 것이다. 그것은 어머니도 알고 있었다.
캐나다로 온 후로 가난에 시달리면서 나는 무엇인가 받아들여지지 않는 부분이 마음에 남아있었다.
어머니는 캐나다에서 사는 나의 가난을 마음 아파 하셨다고 했다. 나를 보낸 뒤 눈물바람으로 길목을 다니셨다고 하셨다.

그러나 어머님은 나의 가난과 눈물 바람을 아파하시면서도 그동안 내가 일해서 번 돈을 그대로 가지고 계시다가 떠나셨다. 나는 아직도 왜 그러셨는지? 그 우물 속 같은 마음을 모른다. 어느 자식을 더 돕고 싶었을까? 어느 자식이 더 귀하게 느껴졌을까?

어머님이 돌아가시기 전에 땅을 사시고 사업을 하려 했다는 소리를 듣고 나는 가슴에 통증을 느꼈다. 내가 어려서 할머니에게 맡겨졌던 것처럼……. 어머니는 여전히 다른 자식들을 편애하고 있었다.

나의 이야기를 듣고 있는 어머니의 눈에서는 물기가 번지였다.

"순이야, 난 좀 더 살았어야 했어 너를 만나기 위해서 난 좀 더 살았어야 했어."

어머니의 슬픈 목소리는 곧 내 가슴을 처량하게 울렸다.

나는 왜 어머니를 즐겁게 해드리지 못하고 이런 말을 하게 되었을까 하고 곧 후회하기 시작하였다. 어머님은 말씀하시었다.

"나는 너를 한시도 잊은 적이 없었단다. 무심한 것, 네가 떠난 자리가 얼마나 큰 빈 공간이 되었는지 너는 모를 것이다."

어머니는 목이 메었다. 나 역시 올라오는 뜨거운 사랑이 다시 가슴을 메웠기에 나는 찬물을 들이키며 식히지 않으면 안 되었다. 어머님은 계속해서 말씀하시었다.

"나는 절대로 편애한 적이 없단다."

편애한 적이 없음을!
거듭거듭 하늘에 맹세코 그런 일이 없었음을! 어머니는 강조하였다.

어머니가 돌아가신 후 10년을 더 살고 할머니가 돌아가시고 그리고 8년 후에 아버님이 돌아가셨다. 세월은 바람소리를 내며 비를 뿌리며 나뭇가지에 새를 날리고 꽃들을 피우며 흘러내렸다.
결혼 후 참으로 30년 만에 다 같이 만나는 형제들의 모임이 있었다.
우리는 흰머리가 물결을 이루는 나이가 되어서 다시 만나게 되었다.
우리들의 이야기는 방안에서도 차 속에서도 계속되었다. 돌아가신 할머니에 대한 어머니에 대한 아버지에 대한 이야기도 계속되었다.
우리는 노래를 부르며 즐거운 시간을 같이 보내었다.
그리고 가슴에 남아있던 그리운 이야기의 매듭도 풀기 시작하였다.
거기에서 나는 깜짝 놀랄만한 사실을 알게 되었다.
그들이 가장 사랑한 분이 누구였는지 알게 되었다.
내가 그토록 믿었던 사실은 한순간에 무너지고 있었다.
형제는 말하였다.
자매도 말하였다.

"나는 할머니를 더 사랑하였어.
나도 어머니보다 할머니를 더 사랑하였어."
나의 가슴은 터지고 있었다.
내가 믿었던 어머님의 편애는 폭죽이 터지듯 흔적도 없이 어디로 사라진 것일까?
그들에 대한 지독한 어머니의 편애는 대체 어떻게 된 것일까?
그들도 편애를 느끼고 있었단 말인가?
아니면 나에게 왜 그런 말을 하고 있단 말인가?

나는 혼란으로 가슴이 두근두근하였다.
나는 그날 밤 잠을 잘 수가 없었다.
한 순간에 이 세상을 떠나며 가장 고독했을 한 여자의 모습을 기억하였다. 그토록 자식을 아끼고 사랑한 그 사람
바로 내 어머니이었음을........나는 쓸쓸하였다.
회오리바람이 불고 간 뒤, 떨어진 낙엽의 들판에서 바람 소리만을 듣고 있는 기분이었다.
그녀에 대한 알 수 없었던 감정도 자책 속으로 휘말리기 시작하였다.

왜 이런 일이 있을 수 있었는가?
내가 믿고 있었던 어머니의 편애의 실체는 무엇이었던가?
그녀는 가장 현명하고 헌신하였음에도 고독한 관계만을 지

니고 있었단 말인가? 그것이 내게 복받치는 슬픔으로 다가왔다.

그녀를 사랑하는 마음이 목젖까지 차오르기 시작하였다.

나는 그 순간 울먹이면서 죽음 속에서 깨어났다.

물속에 깊숙이 가라앉았다가 부상하는 낙지나 가오리처럼 흐느적거리다가 사흘 만에 전신을 사시나무처럼 떨면서 나는 깨어났다.

나는 간호사에게 내가 대수술에서 어떻게 다시 살아나게 되었는지 묻고 싶었지만 물을 힘이 없었다. 내 손을 잡고 있는 창백한 남편의 눈 속에 눈물이 고여 있음을 보았다.

후에 의사나 간호사들은 내가 살아난 것이 기적이라며 내 손을 잡고 기뻐하였다.

나는 다시 세상에 돌아왔으며

죽음 속에서 만났던 분들에 대해서는 이야기하지 않았다.

나는 그 누구에게도 편애에 대한 진실을 설명할 수 없었기에, 바다 깊이 가라앉히고 그냥 묻어두고 싶은 심정이었다. 내가 병원에서 퇴원하여 집으로 돌아왔을 때, 나는 방안에 누워 생각에 잠기게 되었다.

사람은 자신 속에서 스스로 편애를 만들고 있었다는 사실을

그것은 자신에 대한 지나친 사랑 때문이라는 것을…….

그리고 그 편애 속에 수십 년간 구속되어 살고 있던 나를 한탄하였다.

꽃

꽃이
물방울을 달고
있을 때는

꽃이
시를
쓰고 있을 때

들에 핀 찔레꽃

우리들 가슴에 선의 불꽃을
용서와 자비를
연민과 지혜를 주는 꽃이여

그리고 눈물을 삼키는 꽃이여
강물이 흐르는 꽃이여
고요와 신뢰를 주는 꽃이여

꽃이여
우리에게 이 자연을 사랑하는 겸손을 주소서
이별과 고독을 다스리는 지혜를 주소서

기다림과
희망의 언덕에 피어오르는 구름 같은 꽃이여
우리에게 생명의 아름다움을 이야기하는 꽃이여

그대의 순수함에 기대고 싶은
그리운 꽃이여

사랑스런 꽃이여
우리가
사랑하는 꽃이여

꽃이여

(캠벨 공원에서)

채송화에게

흙 속에
무슨 보배가 그리도 많을까

흙을 마시고 태어난 너
나는 너를 잘 모르는데

너는

이리도
우리를 즐겁게 해주는구나

가을꽃

10월이 가며
산 계곡
여기저기
하늘이 내린
물기가 흘러내린다.

졸졸졸

10월이 가며
산이
능금빛으로 물든다.

하늘이
모닥불도 준비하시었나.

여기저기
바위틈 사이에도

불쏘시게 가 타오른다.

(2010년 10월 4일 블랙마운틴 산행길에서)

진달래꽃

꽃물 묻어난 그 자리에
사랑스런
눈물 돌아
새벽하늘 반긴다.

옛날 옛적
못다 한
마음 피어나
꽃잎파리 되었나.

엷은 꽃잎
부끄럽게도 피어나

님 이 떠난
그 자리

입술 깨물고
기다리는
그 꽃순 같은 사랑

올해도
잊지 않고
피고 지노니

순하게 물든
청초한 그 사연도
같이 피고 지고 있음이라.

꽃이란

가슴에 품은
시를 다 쏟아낸 듯
이렇게 시원하게 아름다운 것

우리의 삶도 꽃처럼
다 쏟아 내고
서로에게 감동을 줄 수 있다면…….

연꽃은

맑고
연한 그리움으로

물살도
비껴가는 그리움으로

속살까지
비추이는 그리움으로

연꽃은
피어나지요

가만히
물밑을 들여다보면

첫사랑

사과 꽃이 피면
그님이 오실 것 같아
가슴 설레네

사과 꽃이 피면
괜스레 부풀어 오는 마음
소녀가 되어

봄빛 어리는 시내 물가로
나가고 싶어

사과 꽃이 피면
달님
별님

보석처럼 빛나던 하늘
별을 헤이며
걷고 싶어

사과 꽃이 피면
그 시절

설레며 피어나던
그 꽃잎이 되고 싶어.

▼ 사진 : 세인트막스 상봉에서(밴쿠버)

제7부
이민시절 지켜준 산과 나무

세인트막스 산행에서

삶은 자연 속에서 아름답게 피어나고 새롭게 살아납니다.
우리는 그 순간을 놓치지 않고 살고 가기 위하여
그대 산을 향해 떠납니다.

산이 그립다.

산이
그립다.

그 속에 살아 숨 쉬는
나무가 그립다.

그 속에 숨어있는
정적이 그립다.

고개 숙인
풀잎
물그림자가 그립다.

그리고
그 속에 서 있던
내가 그립다.

이민 나무

태고의 바람 속에서 달려온 씨앗 하나가
태양의 그리움 속으로 말려 들어가

산의 깊음 속에서
바위를 덮고 있는 흙 위에 떨어졌다.

해가 분산되나
달빛은 떠올라

그 위에
목숨 딛고 살아 있는 나무야

늘어뜨린 발가락이 힘들고 아프겠구나

생명이 신비하게 피어난 숲

돌 위에 스며든 나무의 모습이
이 땅에 찾아 든 우리의 모습이
아무것도 다를 것도 없었다.

태고의 바람 속에서 달려온 씨앗 하나가
아직도
바람결에 씨를 뿌리고
뿌리를 내리는 것을

이민 사진

어머님은
이별을 안타까워 하시면서도

희망의 나라로 가서 잘살아 보라고
눈물 바람으로
멀리도 보내주셨지요

배고프고
고생스럽던
초기의 이민 시대

다시 기억하고도 싶지 않아요
다시 돌아가고 싶지도 않아요

그러나
1970년대
어머님과 같이 가서 찍었던
이 청춘의 이민 사진을 보니
어머니
가슴이 뭉클해집니다.

나에게도
잃어버린
이런 젊은 시절이 있었다는 사실이…

그리고
그때 어머니가 우리를 얼마나 사랑해주셨는지를
생각하면…

나무처럼 1

나무의 삶이
생기로 피어 있는 것

혼자의 삶이 아니라
황진이 같은
시와 향기를 가지고 있기 때문이리라.
살아 있는 그대들과
숨결을 맞물고 있음이라.

산꽃은
들짐승을 위하여
말없이 태어나고

도시에 살아있는 나무는
노숙자가 되어도
순결한 모습이다.

점점 갈 곳 없는 나무들이
집 사이를 돌아다닌다.

어쩌다가
도시로 내려와
수돗물을 마시는
불행한 나무를 보거든
그대 기억 하리오

고향의 뒷산에 서서
반가움에 떨던
늙은 소나무로 기억하리오

인연되어
애틋한 마음 전하리오.

나무처럼 2

돌을
파내고
싶은 개울물

그리움 쏟아 내어
시가 되는 숲속이다.

태양이
기워낸
호수의 옷깃으로

여기저기
가을 잎들 떨어져 내린다.

가만히 귀 기울이면
나무들의 이야기 소리 들린다.

그들이 서로 뒤척이며
잘 자라고
살랑살랑 손을 잡는
나무들의 숨소리도 들린다.

다시 산으로 돌아가고 싶다.

나뭇잎을 걷어낸
곧 게 곧게 서 있는 전나무들은
밤새 향기로웠을 것이다.

다시 산으로 돌아가고 싶다.

이생에
풀고 지워야 할 일이
산속에 기울고 있을 것이다.

겹겹이 쌓인 눈이 아니고
산 끝 눈 기슭만 보아도
다시 산으로 돌아가고 싶다.
산에 누워
푸른 바람 소리를 듣고 싶다.
나무숲이 잠드는 소리
사슴의 발걸음 소리

새벽이 안개를 지울 때
잎들이 새침 떠는소리

자연의 소리
잊은 지 한참 되었다.

다시 산으로 돌아가고 싶다.

그랜빌 스트리트의 추억

연분홍 벚꽃이 흐드러지게 매달리고, 목련이 조가비처럼 뚝뚝 떨어져 축축하게 물먹은 밴쿠버 44년 전 봄. 동전 몇 닢 들고 버스표 한 장 쥐고 직업 찾던 그랜빌 스트리트. 말도 안 통하는 그 하늘 아래 버스를 기다리며 울먹이고 서 있었네. 동전 모아 그대와 정답게 영화 구경을 하던 그랜빌 스트리트. 자유와 희망, 세월이 이렇게 흘러갔는가? 흰 꽃물 가득 머리에 얹고 그대와 스카이트레인에 몸을 담고 다운타운을 다시 걷고 싶었네. 가슴을 스미는 옛 향기가 가스 타운 시계탑 위에 머무르고 기타 치는 거리 악사 아직도 사랑 노래에 목청이 쉬네.

내 부르튼 발바닥 옆에 흰 갈매기 날아와 쉬던 그랜빌 스트리트.

나 그 시절이 그리워져. 아무 두려움 없이 쏘다니던 청춘의 그랜빌 스트리트. 나 가끔 지칠 때 용기와 힘, 불 지피고 가던 그랜빌 스트리트. 아직도 레몬 빛 가로등 켜지고, 버스를 기다리는 가난한 연인들 그 사랑 얘기는 그칠 줄 몰라.

▼ 유화 : 피어스 호수

제8부
그대에게

이별

가슴 속에 머물던 사랑
바람이 스쳐 간다
이젠 이별이란다.

지울 수 없는 사랑
이젠 이별이란다.

흐르는 눈물
이젠 이별이란다.

그대는 때가 되어
떠날 수밖에 없는
그런 사랑

이젠 이별이란다.

이별 앞에
통곡하는 여인이여
왜 울고 있는가.

그대를 아직도
붙잡고 우는 사랑

여인이여
왜 울고 있는가
왜 울고 있는가

자신을 너무 사랑하여
아직도 보내지 못하고
울고 있는 사랑

이기적인 사랑

달님

그대는
정겹게 떠올라
나뭇가지 사이로 비껴가는 빛이었던가

그대는
달님

순하고 아름다운 님
가슴을 태웠네

창밖
자작나무 사이로
아련한 그대 모습

불러보리오

이 세상이
끝나기 전에
그대를 불러보리오

먼 강가
같이 걷던 길

사랑으로
아름다웠던 세상

그대를 불러보리오
그대를 불러보리오

그대는 달님
순하고 착하신 달님

연인

따뜻한 가슴앓이
하루해가
다가와

화려한
비단 하늘
분홍 띠로 두르고
산길을 오른다

산 그림자 안고
서로를 비껴가는
해와 달

수줍은 하얀 달
바람결에
길을 간다

외로이 먼 길을
떠나가는
달을 보면

우리도 그립다.

그대의 여린 모습

눈물 되어
그림 되어
저 달빛 속에 아직도 서 있으니

눈이 오시네.

고운님
나무 사이로 오시듯
눈이 오시네.

그대의 영혼은 아직도
맑은 하늘빛인가
눈이 오시네

걷고 싶어
눈길을 한없이 걷고 싶어

머릿결에 떨어지는 눈
하늘하늘 향기로워라

고운님
들판 사이로 오시듯
눈이 오시네.

내 영혼
그대가 앉아 쉬는
나무 가지 위에 앉고 싶어라

고운님
나무 사이로 오시듯
눈이 오시네.

그대 사랑

가을빛 바라보며
강가에 서 있으니
깊어지는 그대사랑

저 하늘에
저 강물에
묻어나는 그대사랑

그대
무심하여
아픈 사랑

저 하늘에 묻어둘까
저 강물에 숨겨 놀까

숨겨도 살아나서
달래도 울음 우는
그대 사랑

저 노을 진 강물에
나뭇잎으로
띄워 보내리.

그대 사랑은
그대 보내는 나의 사랑은
가없는 사랑

가을보다 더 깊어
바람결에
물살 짓는
불타는 낙엽의 노래

가을은 따스하다

차가운 겨울비가 오기 전
가을의 모습은

어미의 바랜 모습
따스한 손길로 다가온다

물가에 드리운 고요한 미소
가을 새는 돌아갈 준비를 하고
낙엽의 향기 강가에 번진다

가을 노래
가을 바람 소리 들린다

이 세상과 살아있는 나
어떻게 걸어갈까
어떻게 살아갈까

산책길에서

벌써 가을인가
그리운 사람이 되돌아오지 않는
이 산책길
그대를 그리며 걷고 있습니다
얼마나 생각이 나는지요

저편 어느 곳에
힘차게 걷던 당신 모습 그리며
눈물이 앞을 가립니다

어찌 그리도 야속한지요
나 괜찮지 않습니다

가을
이 가을이 서럽습니다

그대 소식

점점 철새처럼
멀어져 가는 그대

저 하늘 아래
비 내리는 들판 사이로
그대 소식 들려올까

점점 바람 되어
멀어져 가는 그대

강가를 걸으며
풀잎 떠는 강가를 걸으며
저 바람 소리 들으며
저 낙엽지는 소리 들으며
그대 소식 들려올까

기다리다
기다리다가
저 산 위로
겨울 눈 쏟아지면
그대에게 편지를 쓰리

저 하늘 끝으로
불타는 태양이 손을 휘젓고 나와
받아 줄 편지 한 장
그대에게 보내리

아직도 끝나지 않은 이별

소곤소곤
밤별들이 찾아오면
그대 소식 들려올까.

내 사랑

언젠가
나뭇잎 사이로
우리 걸어 다닐 때
몰랐던 사랑

눈 속을 헤매며
밤별을 보며

우리 서로
청담 색 밤하늘만
불꽃같이 사랑하였노라고

나뭇잎 사이로
낙엽이 지는 소리
가을이 가는 소리

우리
숲속을 지날 때
몰랐던 사랑

그대 떠난 후
내려놓은 슬픈 사랑

두레박으로 건져 올리며
죽을 만큼 사랑하였네

그대 떠나보내기 전
미처 몰랐던 사랑

달빛 따라가고픈
가여운 사랑
죽고 싶은 내 사랑

쌍무지개

오늘은 아이들과
화이트 록을 걷다가 하늘과 하늘을 가르고
양쪽 끝은 풀밭을 잡고 있는
너무나 화려한 쌍무지개를 보았습니다

우리는 와! 하고 탄성을 울렸습니다

무지개가 집까지 따라오는 동안
조금은 어두워졌지만
부드러운 모습으로 창문에 걸려있습니다

저 창문밖에는
저 하늘과 나 사이
불꽃 같은 장미꽃도 피어있습니다

그대와 나
하늘과 땅 사이

장미꽃도 피어나고
바람도 흐르고
구름도 흐르고
무지개도 다녀갑니다.

그대 곁으로

새가 되고 싶어라
훨훨 나는 새가 되고 싶어라

그리움이
안개처럼 피어나는
저 하늘 끝으로 날고 싶어라

하루가 지나가고
일주일이 지나가고
그리고 한 달
그 곳은 추울 가
창밖으로 지나가는 바람 소리 들어라

오늘은
새가 되어
저 하늘로 가고 싶어라

새봄의 잎사귀 하나 물고
저 하늘 끝으로 날고 싶어라

들국화 소원

언젠가 같이 걸었던 들국화 피는 꽃길을 다시 걸으니
그대에게 나 자신을 너무 사랑하여 살아온 시간들이 죄스럽고
그대에게 다 못 한 말 꽃잎에게라도 전 하렵니다.
"생각보다 그대를 더 의지하였고 그대를 많이도 사랑하였음을"
그대는 말씀하였지요. "이제 이 세상 구경은 다 끝났으니 다른 세상도 구경해야지 내가 먼저 가서 가장 좋은 자리를 잡아 놓을 것이니
아이들과 편안하게 살다가 와요."
떠나는 길에서도 내 눈물을 닦아준 당신
언젠가 나에게도 주어진 시간이 도착하면 저 들국화처럼 소리 없이 미련 없이 떠날 수 있기를
저 어여쁜 들국화처럼 자연 속으로 그 자연이 되어 그대 곁으로 갈 수 있기를 그대에게 소원합니다.
　사랑하는 당신

가을사랑

하얀 눈과 같이 떠난다.
가을은
미처 버리지 못한 하늘의 빛
겨울빛 하늘 속에
한숨을 쉬고
눈과 같이 떠난다.

지우지 못한 사랑
불타는 낙엽

그것마저 버리고
햇살에 눈 부신
겨울눈과 같이 떠난다.

잊지 않으리.
네가 남겨 두고 간 사랑
그 불타는 사랑을 잊지 않으리.

영원을 바라던 그대의 모습
그 눈빛
잊지 않으리.

가을아
가을 사랑아

(2016년 10월 24일)

그대와 나

우리는 그동안 꿈속에서 살았네

나를 잊어버리고
그대를 잊어버리고
다정히 길을 걷고 있었네

그대와 나
우리는 그동안 꿈속에서 살았네

나비의 춤을 추며
새들의 노랫소리
우리는 자유로이 날고 있었네

그대와 나
우리는 그동안 꿈속에서 살았네

나무들의 사이사이로
높은 산 고개를 넘어
우리는 꿈길을 가고 있었네

그대
산길에서 내게 이야기를 하였네
나는 너밖에 없어
그리고 나도 대답하였네
나도 그대 밖에 없어요

그대여 그동안
정말 즐겁고 행복하게 살았습니다.

그대를 만나 지나간 세월
정말 고맙고 또 고맙습니다.

(2016년 1월 16일)

▼ 유화 : 오하라 호수

제9부
방문후기와 산행기

오하라호수 산행기
— 요호국립공원

이곳의 자연환경을 그대로 보존하기 위하여 2004년에 하루에 이 오하라 호수에 들어가는데 36명을 허용하고 있었습니다.
5월부터 미리예약이 필요합니다. 이곳은 산행 인들에겐 천국이요, 또 산행 가들만을 위해서 펼쳐진 요지인 것 같습니다. 흥분시키는(breathtaking hiking) 여러 개의 산행길에서 놀랄 만하게 펼쳐지는 전망대 그리고 가슴 어리는 고원지대와 크고 작은 숨 막히는 산정의 호수가 몇백 미터 아래로 채색된 물감으로 고여 있어 내려다보는 것만으로도 누가 감히 감탄사를 발하지 않고 지나가겠습니까? 위로 올려다보면 기가 찬 암벽 옆으로 길이나 있습니다. 암벽으로 짙게 깔린 그늘 사이로 바람이 몰아오며 독수리 날갯짓으로 새가 낮을 깨우듯 울면서 지나갑니다.
이 하이킹은 숨이 차서 턱턱 막히는 곳이 있으나 처음부터 끝까지 순간순간의 경치가 뿌듯하게 전달되는 곳입니다. 땀으로 범벅이 되어 한 고개 올라 돌 끝에서 한숨을 돌리려 멈춰섭니다.
지나온 자리를 되돌아보아도 다시 심호흡을 하는 곳입니다. 밑으로는 숲속에 자리한 호수가 청렴한 색으로 충분히 시샘하

듯 고요하고, 상봉에는 넓게 알파인 메도 가 펼쳐지고 사방으로는 거대한 돌산이 급하게 내려갑니다. 글레시어 밑으로는 아직도 살얼음을 띄운 오파빈 호수가 화사하게 날개를 펴고 침전하듯 고요합니다. 오파빈 호수에서 오이사 호수로 가는 산 중간 벽으로 돌자니 발밑에는 갈색과 회색의 돌 옷을 입은 산이 햇살에 눈부시게 흘러내리고 있습니다. 다시 말하자면 삐쪽삐죽 솟아있는 로키산맥 분수령은 상공에 걸린 것 같이 높아 보입니다. 백합 꽃잎처럼 높이 둘러친 돌산의 비경 속에 또 다른 돌산이 옥수수의 반경처럼 붙어 서 있는 이산의 중간으로 무너져 내린 돌 위를 가다듬어 만든 산행길을 조심스럽게 타고 지나가는 것입니다. (Yukness Ledges) 오이사호수로 가는 길에서 어느 정점에 이르면 우리는 큰 돌무더기들 위에 서 있습니다. 그 아래로 오 하라 호수가 진한 수목을 둘러치고 수백 미터 아래로 내 색채를 보세요, 잠깐 숨을 돌리고 감상하시지요! 하는 듯 찬란하게 고여 있습니다.

 이 오파 빈이나, 오이사 호수는 하늘 가까운 돌산 밑에 떠 있고 둘 다 글레시어가 만든 옥수입니다.

 이 진솔한 여러 개의 호수를 배경으로 돌산이 벽처럼 서 있거나 부서져 돌 사태를 이루었고 그 몇백 미터 아래로 낙차하여 오하라호수가 여왕처럼 자리하고 있습니다. 이 작품은 신이 인간을 위해서가 아니고, 신이 신들을 위해서 만든 것처럼 보입니다.

 오하라를 멋진 리빙 룸이라고 한다면 위층에 여러 개의 호화판 옥수로 방을 만들고 돌로 벽을 치고 옥돌로 발코니도 만들고 층계도 만들었습니다. 그 작품 속에는 만든 자의 영감을 보는듯하며 정성을 다하여 금상을 받으려고 지구의 벽에 걸어 논 작품 같다는 것입니다.

 여기에 인간도 신의 뜻을 받들어 이곳의 자연을 전연 손상시키지 않으려고 이탈리안 Alpinist Lawrence Grassi 씨 와 미국의 Botanist Dr George Link 씨가 참하게 노력하였습니다.

 한눈에 다 돌아볼 수 있게 온갖 열정과 지혜의 실을 뽑아 산행길을 낸 자국을 그대로 읽을 수 있다는 것입니다. 오이사 호수 부근에 있는 돌들은 다 옥석으로 보입니다. 색깔도 검정 푸른색 흰색 회색 자주색 가지가지로 그 크기는 구둘장보다도 더 큰 돌들로 다리를 건너듯 물을 건너 돌로 층층계를 만들고 어떻게 움직였는지 상상이 안될 정도로 계속 잘 놓여있습니다. 그래서 이 신나는 작품을 구경하려고 모인 사람들은 이 풍요로운 자연에 매료되어 모두 흥분된 마음을 감추지 못하고 감탄하고 있습니다.

 오하라, 헝가비, 오파밴, 오이사 호수를 거쳐 다시 오하라호수까지 돌아오는데 7시간 정도가 걸렸습니다.

(밴쿠버 코리아미디어 2004년 9월)

아이슬란드 방문 후기

그 누가 알겠는가? 병균도 없어 보이는 신선하기 그지없는 이 땅은 정말 축복받은 땅인지? 아니면 생명체가 초록색 나무가 마음대로 자라지 못하는 끝없는 라바 들판 이 땅은 지구가 형성되던 그 최초의 모습인지?

아직도 지하의 폭발과 바람과 비, 얼음과 불이 한꺼번에 모여 광란하게 춤을 추고 그 어느 곳은 숨도 쉬지 않는 듯 조용한 이 대지는 그 어디에서도 볼 수 없는 순수한 매력과 끝없는 원시, 그 자연의 모습으로 아마도 오래도록 우리를 부를 것임은 그 신비의 땅속에 아직도 인간이 풀어야 할 숙제가 숨어 있기 때문일 것이라고 생각합니다.

2014년 8월 16일

위버호수(Weaver Lake) 산행기

원시림이 잘리어 나가고 있는 것을 보는 것은 가슴 아픈 일입니다.

크는데 수백 년이 넘었을 것인데 전기톱으로 자르는 것을 보니 채 10분도 걸리지 않아 그 큰 나무가 우장창하고 넘어집니다. 밴쿠버 중심부에 이렇게 좋은 원시림이 있음은 퍽 자랑스러운데 몇 년 사이로 갈 때마다 변화기를 맞이합니다. 해마다 갈수록 지구상의 온대림(Rain Forest) 지역이 없어진다고 애타는 사람이 많은가 하면 그런 경치가 좋은 곳일수록 나무를 자르고 집 짓고 살기를 원하는 사람이 있습니다.

캐나다의 비시주가 이 지구상에서는 마지막으로 남을 온대림(Rain Forest) 지역일 것이라고 하는데 이 위대한 자연의 마지막 작품을 지켜줄 현명한 사람들이 그리워지는 때입니다.

"이 세상은 한때는 자연으로 둘러친 참 원더풀 한 세상이었답니다.

아마존강으로부터 허물어지는 지구의 Rain Forest를 지키지 못하면 학교에서 그렇게 배우는 날이 올지도 모릅니다. 우리는 안타깝게도 후세들에게 아름다운 자연에 대한 동경과 그리움만 남겨주는 조상이 될지도 모릅니다. 우리가 보지 못한 공용을 사진에서나 바라보고 선망하듯 후세들이 백곰이나 갈색 곰을 사진으로만 보는 일이 있어서는 안 될 것입니다.

인류는 땅을 망하게 하는 전쟁을 치우고 지구를 모두가 살 수 있도록 생생한 자연을 보존하는 것이 더 급하다고 생각됩니다. 산길을 걸으면서 자르고 버려진 1900년 초기에 세계시장으로 다 팔리어간 이끼긴 원시림의 원통(나무)을 보면서 눈 감고 원시림이 서 있는 숲을 상상해 보는 순간 이 대자연의 세상은 너무 황홀합니다. 그러나 잘려간 Stump를 다시 바라보는 순간, 조상들에 대한 같은 생각을 해보았습니다.

점점 말라가는 지구의 젖줄이라고 불리우는 Rain Forest를 그대로 간직하려면 엄청난 노력이 필요하다고 합니다. 생명의 근원이 되는 산소의 고마움, 인간이 마시는 산소와 대기를 청소해주는 Rain Forest는 생명 줄기로서 지구를 살리는 핏줄이기 때문입니다. 숲이 울창하고 장엄한 폭포수가 굴러떨어지고 깊은 계곡이 있는 곳은 연어가 돌아오는 강줄기가 흐르고 늑대나 여우가 살고 독수리가 날르며 그리질러 곰이 살고 있습니다.

이런 곳에는 눈 모자를 쓴 산봉 아래로 전나무 나 향나무나 삼목이 자라고 자작나무 미루나무가 팔랑댑니다. 오랑캐꽃 페인트 부러쉬, 트릴리움, 릴리가 웃음 지으며 아직도 조상의 혼과 땅을 그대로 지키려는 원주민들이 자연을 지키며 초라하지만 그대로의 모습으로 살고 있습니다. 인간이 이 지구에서 버티고 살 수 있는 길은 오직 이런 자연 속의 생물들과의 공존

임에 이 마지막 지구의 걸작인 Rain Forest에 이민 온 것을 감사하고 이 세상에 태어나 이런 것을 보고 갈 수 있음을 깊이 감사합니다.

  캐나다의 이민 생활이 힘들지만, 육체의 노동을 견디고 살아가기가 힘들지만 이것을 이길 수 있는 것은 바로 아름다운 자연으로부터 받은 영감이라고 생각할 때가 있습니다. 이런 자연 조건이 없었다면 우리와 같은 생각을 가진 많은 사람들은 비시 주를 떠났을 것입니다.

  공원으로 지정한 린 밸리나 가리발디나 골든이어나 컬터스 계곡을 오르자면 멀리 밴쿠버 아일랜드나 벨라쿨라까지 가지 않아도 부유한 Rain Forest 모습에 가슴까지 카펫으로 덮는 듯 부풀어 오릅니다.

  여기 봄이면 아름다운 이끼가 두껍게 깔리고 큰 나무에도 이끼가 물씬 물씬 자라고 맑은 호수가 클래식으로 펼쳐있는 Rain Forest로 보타니칼 가든을 이루고 있는 위버 호수를 소개합니다.

  오늘은 아름다운 호수 사진을 찍기 위하여 특별여행도 하였습니다. 위버호수가 너무 크다 보니 호수를 돌면서는 전면의 자태를 찍을 수 없고, 햄락 스키장 올라가는 중턱에서만 이 호수의 모습을 다 담을 수가 있습니다. 출발할 때는 이상이 없었는데 중간에서 비가 쏟아지고 안개가 끼고 날씨가 고르지 못하였습니다. 이미 1시간 이상을 드라이브한 Mission을 지난 후에 날씨가 나빠졌기에 돌아가기가 억울하여 구름이 걷힐 때까지 햄락 스키장 가는 언덕길 위에서 기다리기로 하였습니다. 아래로 내려다보이는 구름 동산도 참 멋있습니다.

구름은 좀처럼 움직이지 않고 두꺼운 담요처럼 호수 위를 다 휩덮으며 꼬리를 올리며 장난을 부리다가 그 사이로 안개도 휩쓸고 지나갑니다.

언젠가 팬버튼 쪽에 있는 죠프리 호수 오를 때 무거운 카메라를 짊어지고 땀으로 멱을 감듯 올라오던 사진작가들이 생각납니다. 아침 태양과 글레시아의 산 모습과 호수의 색깔을 가장 잘 맞출 수 있는 그 몇 분을 위하여 힘차게 오르는 젊은이들이었습니다.

서로 다른 삶의 모습 속에서 인간의 역사는 이루어지고 우리는 그 예술을 감상하고 즐기지만, 그 모든 모체는 자연 속에서 발생하고 있음을 신에게 감사합니다. 드디어 반 시간이 더 지나니 하늘이 얼굴을 조금씩 열어주기 시작합니다. 이제 가슴 아프도록 신비한 호수가 멀리 눈 아래로 들어옵니다.

이 산행의 정점은 Rain Forest의 대 작품을 감상하는 것이며 산행하면서 어느 곳도 지루함이 없이 돌아볼 수 있는 보타니칼 가든을 돌아보는 것입니다. 돌 허물어진 높은 곳에서 내려다보이는 조용한 초저녁 밤하늘이 흐르는 듯한 남청색 물결을, 자연이 엷은 배추 색깔로 수놓은 두터운 이끼 카펫, 수백 년을 말없이 숨어 살아온 원시림의 짙은 송진 냄새를 돌들 사이로 기웃기웃 재잘거리며 보글보글 솟아오르는 소리를 전

나무 잎 끝마다 달린 신선한 이슬방울이 똑똑 떨어짐을,
  작은 풀잎이 달고 있는 트릴리움, 흰 꽃망울의 삼삼한 미소를, 가슴에 간직하는 것입니다.
  바위가 쏟아져 내린 돌 더미 위에서 점심을 하고 호수를 돌면서 원시림을 남편이 재어보니 둘레가 22.10휘트나 되었습니다. 깊은 주위환경 때문에 곰이 있는 곳이니 여럿이 이야기하면서 가거나 곰 화약이나 곰 스프레이를 준비하면 별 문제가 없을 것입니다.

가는 길
위버호수(Weaver Lake) * * * *
4월-11월 @@@ (출구 Harris Valley Road)
6.4Km 3시간 30분 산행높이 50미터 정상 350미터
햄락벨리 스키장 부근에 있습니다.

▼ 유화 : 빅토리아글레시어

제10부
사랑하는 아이들에게

살다 보니

살다 보니 이런 생각이 든단다.
친절을 베푸는 것이
행복의 근원이라는 것

너희들은
날마다 만나는 사람들에게
먼저 친절하게 웃으며 살기 바란다.

혹은 네가 친절하게 하여도
너를 무시하는 사람이 있다면
또 너를 이용하려는 사람이 있다면
그 또한 마음에 담지 않기를 바란다.

그런 사람에겐
이유가 있을 것이니
건강이 좋지 않다거나 혈압이 높다거나
아니면 너에 대해 알지 못하는 부분이 있거나
너를 싫어하거나
너무 이기적이거나
너와는 생각이 많이 다른 사람이거나

그런 사람은 그러려니 하고
그들로 인해 마음이 상하거나
그들 마음을 탓하지도 말고
고치려고 들지 말라는 것이다.

대신
그런 사람보다는
친절한 사람들과 어울리기 바란다.

친절과 마음은
서로 주고받아야
행복이 찾아올 것이니

나 또한 살다 보니
마음껏 친절하게 살아보지 못하고
어느새 세월이 이렇게 흘러가 버렸다

길지 않은 인생살이
마음 통하는 사람들과 어울리어
자유롭게 마음을 나누고 친절하게 행동을 하고
그런 마음을 되받게 되면

행복은 저절로
문을 열고 있기에……,

항상 먼저 친절을 베푸는 사람으로 살아가기 바란다.

(2014년 11월 29일)
엄마가

오늘 내가 할 수 있는 것은

오늘을 사랑하고

아름다운 세상에 나의 심장을
하루에 10만 번을 뛰게 만들어주신 분
그 기적으로 오늘을 살고 있음을
잊지 않는 것

그래서
꽃과 나비처럼
잘 살고 가야 함을
잊지 않는 것이야

아들에게

나에게 즐거운 일이 있다면 너를 생각하는 일이다.
나에게 즐거운 일이 있다면 일주일에 한 번씩 너로부터 오는 전화를 받는 일이다.
너는 일생에 단 한 번 있을지도 모른다 하였지만
네가 오늘은 예일 대학법대에서 너의 연구에 강의를 한다는 것이
이 엄마의 가슴을 벅차게 한다.
그곳의 학생이 된다는 것도 어려운데
너는 그곳에서 강의를 한다니 어찌 자랑스럽고 기쁘지 않으리.
엄마가 너무 기뻐서 이날을 기록에 남기려고 이렇게 적고 있다.
영국방문에서 보내준 줄리의 엽서와 데니쉬 초코렛 온 가족이 즐겁게 먹었다.
겨울에 다시 만날 수 있기 바란다.
그동안 몸조심하기 바란다.

엄마가
(2006년 10월 27일)

아들에게

  이번에 비숍대학에서 4과목이나 가르치게 되었다니 기쁜 마음 어디에 다 표현할까? 작년에 맥길이나 콩코디아에서 좋은 결과를 얻었듯이 그곳에서도 열심히 가르쳐서 좋은 결과 얻기를 바란다.
  올해는 장장 그 긴 세월을 걸려 작성한 박사학위 논문을 미국과 영국 캐나다 유명 대학 등에 7개를 제출하고 그 결과를 기다린다니 아직도 마음고생이 심하겠구나.

  학위를 받으면 우리 한국에 한번 꼭 나가보자. 네가 가르치는 것이 환경학과 지리학 계통이니 한국의 지리도 배울 겸, 우리 용기를 잃지 말고 무슨 결과가 나와도 산에도 오르고 열심히 살아보자. 너는 이씨조선 완창대군의 19대이니 한국피의 부분임을 기억하고 시간이 나는 대로 이젠 한국말을 배우기 바란다.
  너를 걱정해주는 엄마 아빠의 친구들이 있어 이글을 지면에 띄워본다.

엄마가

축복
-아들의 결혼식에

두 사람의 마음을
단단히 묶어 주시고

또 두 사람의 마음을
자유롭게 살게 하여 주소서

집 창문 앞에는
두 사람이 같이 바라볼 수 있는
아름다운 달빛을 내려 주시고

두 사람 가는 길에
용기와 희망을 주소서

그리하여 사는 동안

이 세상에 태어난 기쁨과
둘이 만난 인연의 기쁨을

맘껏
누리게 하여 주소서
축복하여 주소서

— 결혼식에 낭독 시

딸에게

너에게 무슨 말을 해야 할까
아빠에게 가장 소중했던 너
나에게도 하늘같이 소중한 너

사랑한다.
사랑한다.
사랑하고 또 사랑해

— 엄마가

손녀에게

아가야
너는 모든 축복을 받고 이 세상에 태어난
천사야
부디 엄마 아빠 말 잘 듣고
하고 싶은 것 다 재주부리고
건강하게 살아야 해

아가야
하늘만큼 사랑해

▲ 손녀가 그려준 우리 강아지 틸룹

제11부
이곳은 단편소설의 장입니다

단편소설 • • • • •

바다의 선물

비는 내리지 않았으나 바다는 여전히 축축한 여명을 안고 출렁대고 있었다. 같이 걷고 있는 에스언니의 바바리코트가 바람에 부드럽게 흔들리고 있었다.
"진숙씨 내 동생 영수를 어떻게 생각해요? 영수가 시애틀로 떠났어요. 어쩌면 그곳에서 진숙 씨를 볼 수 있기를 바란다고 하면서요."
나는 고개를 숙였다.
에스언니에겐 미안한 마음으로 가슴이 울렁거렸다.
사실 나의 마음은 바다 건너 그 어느 곳에도 있지 않았다.
"진숙씨 영수는 그 화재에서 살아난 심정도 영수가 좋아하던 같은 동료 혜진씨에 대한 기억도 다 지울 수도 견딜 수 없다고 했어요.
벌써 일 년도 더 지난 일이건만 진숙씨에게 이야기를 하는 건 처음이네요. 그 어려운 의대를 졸업하느라 애쓴 젊은이들 그 젊은이들이 무슨 죄가 있다고 그 화재를 생각하면 지금도 가슴 저려 와요,,,,,.
"의대시험을 마치고 그룹들이 준비한 을지로 지하의 그 파티는 얼마나 자랑스러운 파티였을까요. 인간이 노력을 해도,

많은 지혜를 가지고 있어도 그 운명의 끝은 알 수가 없어요. 진숙씨"

나는 고개를 떨어뜨리고 있었다.

"영수의 이야기를 듣고 너무나 기가 막혔어요.

고마워요 진숙씨

....

진숙씨가 내 동생을 살렸어요.

그날 영수가 지하다방 불 사고에서 밖으로 몇 분 전에 나올 수 있었던 것은 진숙 씨가 걸어준 전화 때문이었다고 해요.

그 전화가 바로 그 순간을 도피시켰다고 했어요."

전화를 끝내고 뒤를 돌아보았을 때 갑자기 터진 불길이 문 밖으로 쏟아져 나오는데 안으로 도저히 들어갈 수가 없었다고 말했어요."

나는 알고 있었다.

아니 이 세상에 남은 있는 그때 친구들은 알고 있었다.

그날 영수씨의 연인 신혜도 그 을지로 지하 파티장에 있었다.

또 내가 좋아하던 상진씨도 그 불길 속에서 나오지를 못하였다.

그날 그 불길은 갑자기 터진 폭탄 같은 것이었다.

그리고 그 속에 있던 40여 명의 생명과 또 12명의 갓 졸업한 젊은 의사들의 생명을 가져갔다. 그곳에 참석하지 못했던 나와 운 좋게 빠져나온 영수씨 우리는 둘 다 사랑하는 사람을 잃었다.

  그리고 일 년이란 세월이 흘러갔다.

  시간이 나면 영수 씨는 내가 근무하는 메디컬센터 병원으로 찾아왔다.

  처음에는 서로를 위로하기 위해서 벤치에 앉아있었다.

  그러나 시간이 지날수록 영수씨의 쓸쓸한 눈빛 속에서 나는 그의 마음이 침착성을 잃어 가고 있음을 짐작하고 있었다.

  그것은 이미 서로에 대한 동정이 아니었다.

  흐르는 물속에 깔려있는 돌 맹이를 비추듯 그의 눈빛은 맑고 순수하여 감당하기 어려울 정도였다.

  그 화재가 났던 그 두려웠던 날이 해가 바뀌어 다시 돌아왔다.

  누가 일부러 불러내지도 않았는데 이 세상에 남아 있는 친구들은 을지로 근방의 '꽃'이란 다방에 그날을 잊지 못하여 다시 모여 앉아 있었다. 그들이 학창시절에 웃음꽃이 별처럼 피어나던 곳.

  그러나 이제는 가슴을 아파하며 서로를 위로하며 앉아 있었다.

  한쪽에 구석에 앉아있는 내 옆으로 영수가 다가왔다.

  손수건으로 눈물을 닦았다. 영수도 고개를 창문으로 돌렸다.

영수는 이곳을 떠나고 싶다고 하였다.

....

그러던 그가 서둘러 비자를 받아들고 말없이 떠난 것이다.
 영수씨의 누나 에스언니가 나에게 말도 없이 떠난 영수의 소식을 바닷가를 걸으며 전한 것이다. 에스언니는 더 이상 영수씨에 대해서는 말하지 않았다. 조용한 에스언니는 언제나 부드러운 심성을 지니고 있었기에 그녀 곁에 있으면 나는 항상 편안하였다.
 나는 걸으면서 맑은 우유 빛 소라를 몇 개 더 주었다.
 "이것 보세요. 언니
 귀에 대면 언제나 바다의 소리가 들린다는 소라예요.
 바다소리를 듣고 싶을 땐 언제나 귀에 대고 들어 보세요."
 나는 그중에서 제일 큰 보랏빛 소라를 에스언니에게 건네주었다.
 "진숙씨는 언제나 소녀 같아 바다가 무척 좋은가 봐"
 "막막한 바다가 평행선을 긋고 있다는 것이 편안하고 아름다워요.
 지평선 너머로 타오르는 태양의 불꽃 속으로 생이 사라진다 해도 그 아름다움은 끝나지 않을 것 같아요.
 그건 꿈일까요?
 사람의 인연은 슬픔을 가져다줄 수도 있지만, 바다는 마음을 닦아주거든요"
 "진숙씨
 난 진정한 위로는 자연보다는 사람으로부터 오는 것이라고 생각해요.

상처받은 마음을 달래줄 수 있는 건 친구나 부모 특히 상처받은 자끼리는 서로의 마음을 치유할 수 있을 거라는 생각이 들어요."

나는 잠시 입술을 깨물었다.

나에겐 그때 가누지 못할 정도로 슬픔이 한꺼번에 몰려와 부딪쳤다.

집에 돌아와서 소라를 귀에 대고 바다소리를 들으며 나는 잠을 청하였다. 그러나 웬일인지? 바다의 심한 파도 소리 때문에 잠을 들 수가 없었다.

학교를 졸업하고 병원의사로 잠깐 머무는 동안 나는 미국행 비자를 받아놓고도, 정작 떠날 마음의 결정을 내리지 못하고 머뭇거리고 있었다. 때마침 제이 대학에서 수학 자격증을 주는 강습이 공고되었기에 지방으로 내려가기로 하였다. 지금은 의사의 생활 보다는 나에게는 변화가 필요하였다. 중 고등학교 수학 선생이 되어 잠깐이라도 머리를 식히고 아이들을 가르치는 편도 좋을 것도 같았다.

제이대학은 해변이 가까운 작은 도시에 있었고 내가 도착하였을 땐 교정엔 붉은 낙엽이 바람에 떨어져 흙 위에 힘없이 누워있는 가을 모습이었다. 축축한 바람은 회색의 도시에 설렁대고 있었고 영수의 누나 에스언니 집에서 같이 머물게 된 것이다.

에스언니는 남편이 1년간 외국에 출장 중이었고 집은 해변에서 가까운 곳에 있어 그녀는 저녁이면 저녁 햇살의 숨죽이는 서해 바다 풍경을 보려고 바닷가로 발길을 옮기었다.

그때 나는 혼자서 바닷가를 걷다가 먼 지평선을 바라보듯 모래사장이 끝나는 곳에서 작은 소녀를 만났다. 파도 놀이를 하다 나왔는지 물기에 젖은 치마, 하얀 손, 젖은 머리를 하고 소녀는 나를 보자 무엇에 놀란 듯 모래바닥에 무릎을 모으고 주저앉았다. 그런데 이상하게도 나에게는 그 아이의 불안한 눈빛이 오랫동안 알고 있는 듯한 친근감이 전해왔다.

"내 이름은 진숙인데…….

혹시 며칠 전에 기차 정거장에서…….만난 것 같아."

"네. 아빠랑 같이 기차 타고 왔어요."

"아아, 그때 보랏빛 목도리를 두르고 있던……."

"이름은?"

"진아."

"참 예쁜 이름이야! 진아?"

나는 그 인상적인 반들거리던 목도리와 소녀를 그대로 기억하고 있었다. 유난히 창백했던 소녀의 얼굴을 그리고 그 옆에 서 있던 한 남자의 모습도…….

남자는 시간을 초조하게 보면서 누구를 기다리고 있는 모습이었다.

소녀가 살고 있다는 언덕 위에는 양철지붕 한 채가 외롭게 서 있었다.

"엄마는?"

진아는 고개를 흔들었다.

그러더니 힘없이 고개를 떨어뜨렸다.
"무슨 일이 있었구나!"
나는 더 이상 묻기를 멈추고 소녀와 같이 앉아서 모래성을 쌓기 시작하였다. 손을 넣고 도닥거리고 가만히 손을 파내어 만드는 집이었다.
둘이서 손을 같이 집어넣고 더 큰 집을 만들다가 손을 동시에 빼내면 집은 허물어져 버리는 어느새 소녀의 즐거운 웃음소리가 빈 공간에 새소리처럼 까르륵까르륵 울려 퍼졌다.
"진아는?
지금 누구와 사는데?"
"할머니와 같이요."
"그럼 진아는 좋겠네."
"네."
"나도 옛날에 우리 할머니와 살았는데……."
진아 얼굴에 웃음꽃이 활짝 피어났다.
그때 진아 얼굴 뒤로 석양이 지고 있는 슬픈 바다를 보았다. 흐트러진 구름사이로 붉게 채색되는 구름과 바다 그림은 숨이 차도록 아름다웠다. 바닷가는 쓸쓸하였지만, 영혼이 조용한 바다의 표면 위로 부딪는 신선한 감각이랄까?
어디에서 처음으로 도착한 듯한 낯선 기분 그리고 소녀와 만남은 그동안 깊게 패었던 나의 외로움에 붕대를 감아주고 있었던 것일까?
그동안 철저하게 힘들고 고독했던 순간들이 이 바닷가에서 이 어린 소녀와의 만남에서 스스로 썰물하고 있는 것이었다. 유년시절로 돌아간 듯한 행복감 소녀는 할머니가 손짓하며 부를 때까지 그곳에 같이 있었다.

나는 그날 포근한 마음으로 에스 언니네 집으로 돌아왔다.

내가 주워들고 온 몇 개의 조개껍데기와 소라를 책상 위에 나열해놓고 곧 잠이 들었다. 내가 무엇으로부터 그처럼 위로를 받았는지?

그것은 분명치가 않았다. 조개껍질이나 흩어진 모래사장, 멀리 펼쳐 보이던 지평선 아니면 그 소녀의 웃음소리 그 아무것이래도 좋았다.

다음 날 저녁 나는 혼자서 바닷가를 거닐었다.

비가 부슬부슬 내리고 있는 해변은 온통 회색이었다.

막막한 회색 그 회색 사이로 하얀 거품 덩어리가 누구를 잡아 삼킬 듯 달려왔다가 포말은 흔적도 없이 사라져 갔다. 시시각각으로 색깔을 달리하는 이젠 비린 네 나는 회색 바다라도 좋았다. 세상을 다 덮을 듯 요동을 치고 달려와도 파도는 언제나 물러설 줄 알고 있었기에……,

외로움 심장까지 배어드는 외로움 왠지 이 바다는 철저하게 그 바닥까지 드러내고 있는 것이 좋았다. 누구든 그렇게 드러낼 수 있는 곳이었으니까 바로 이 회색의 바다가 나를 들뜨게 하고 있었다.

소녀와 놀던 자리는 어딘지 찾을 수 없게 그 모래성은 허물어지고 있었다. 흩어지는 포말 바위 위로 갈매기 한 마리가 바람에 떨며 앉아있었다.
 나는 진아가 살고 있다는 그 앞바다까지 걸었다.
 회색으로 먹칠한 듯한 하늘 끝으로는 붉은빛 긴 비단을 길게 한없이 끌어당기고 있었다. 진아의 집을 바라보며 마음에 등불이 켜지듯 환희 밝아 옴을 느꼈다. 이젠 바다를 만나면 모든 것을 잊고 나는 들떠 있었다. 바닷가에 앉아서 구름이 창을 열고 파랗게 연못처럼 고여 있는 하늘을 내내 바라보기도 하였다.
 지평선 아래로 넓은 바다는 고요한 대 평원처럼 위대하게 느껴졌다.
 어느 땐 가만히 찰싹대는 물결이 발밑에서 매듭을 풀고 있었다.
 바다 앞에 서는 순간 속상한 것들이 바닷속으로 침전되었고 나는 점점 새롭게 변신하고 있었다. 어디선가 갈매기들이 날아와 하늘을 날고, 작은 새 한 마리가 물가를 아장아장 걷고 있는 모습, 모래바닥이 나른하게 멀리 펼쳐져 여기저기 샛강을 이루고 있는 곳으로, 새가 서 있던 곳으로 나는 신발을 벗어들고 모래사장 깊숙이 들어가기로 했다.
 바닷가의 포말을 적시는 춤을 추기 시작하였다.
 그러다 긴 고동과 색깔이 고운 조개껍질을 주어 들고 물가를 걸어 다녔다. 생의 호흡이 바다와 같이 다시 시작되었다.
 얼마나 돌아다녔는지 나는 그날 깊은 잠에 빠져버렸다.
 에스언니는 그동안 홍도 여행을 떠났는데 언제 돌아왔는지

나를 반갑게 맞아주었다.

"홍도 여행은 어땠어요?"

"진숙 씨! 너무 아름다웠어

그 물 색깔 말이야 바다의 색깔 중에서도 정말 특별한 것이었어. 진숙씨도 한번 다녀와 봐, 나보다 더 미칠 거야.

나도 이렇게 큰 소라를 주었어

여기 빛나는 전복도 이것 진숙씨가 좋아할 것 같아 가져왔어 선물이야"

에스언니는 손을 펴 보였다.

어쩌면 찬란한 빛깔의 전복이 거기에 보석처럼 빛나고 있었다.

그것은 가냘픈 조갯살이 빚어낸 아름다운 바다의 심장인지도 모른다. 나의 모든 아픔과 슬픔을 바다 속에 다 토해내고 싶듯이,,,,,,.

바다 바람이 몹시 불고 있었다.

파도는 성이 나서 부채처럼 날개를 펴고 쳐들어오고 있었고, 비바람은 거세고 시원하게 나의 바바리코트를 붙잡고 한참 난동을 부리고 있었다. 옷은 풍선처럼 부풀어 올랐고, 온 머리카락은 독수리의 날개처럼 날아가고 있었다. 그 속에서 바람을 막으려고 머리를 숙이고 걷다가 ?

나는 보았다.

모래집이 하나도 아니고 두 개가 정답게 마주 보고 있는 것을…….

나의가슴은 소녀를 다시 만난 기쁨으로 떨려왔다.

이 집을 짓고 진아가 놀다갔구나……,

반가움에 내 손을 그 속에 집어넣자 작은 집은 곧 무너져 내리고 말았다.

나는 진아가 살고 있는 집으로 정신없이 모래사장을 가로질러 걷기 시작하였다. 모래 언덕을 올라 풀밭이 나타났고 그 위로 집이 보였다.

"진아야

 진아 야"

나는 급하게 방문을 열었다.

그곳은 텅 비어있었다.

서울로 가버린 것이구나.

내가 한발 늦은 게 틀림이 없었다.

나는 오래된 친구와 결별이나 한 듯 슬픔에 차서 모래 바닥을 꾹꾹 밟으면서 집으로 돌아왔다.

"진숙씨

 요즘 무슨 걱정 있어요?

 얼굴빛이 안 좋아."

"아녜요. 언니

 모든 것은 끝이 났어요. 이제부터 다시 시작해보려고 해요."

나는 에스언니에게 미소하였다.

나는 가끔 바닷가로 나가면 부드럽고 따뜻한 바닷속에서 그 소녀가 되었다. 나는 모래사장에 주저앉아 집을 짓기로 하였다.

나는 살아야 해 옛날처럼 살아 볼 거야
내 고향에도 조그만 산언덕이 있었지
그 산을 넘으면 하늘보다 넓은 바다가 펼쳐있었고
모래사장
그 텅 빈 공간의 자유 속에서 나는 혼자서 놀 때가 많았어
부채처럼 손가락을 펴서 넣고 짓는 집 주먹을 넣고 집을 지으며…….
어느 땐 바람 소리를 들으며 방파제가 있는 뚝 쪽으로 걸어갔었지
그곳엔 한쪽으로 갈대밭이 있었고
갈대숲에는 참새들이 지저귀며 살고 있었지
나의 고향 땅엔 목화 꽃 같은 할머니가 있었어 할머니는 내가 항상 잘살기를 바랐어
지평선 위로 나뭇잎처럼 파득 파득 쪽배가 떠다니던 풍경화 해가 지던 지평선 너머 붉게 타오르며 바다로 잠기던 불같은 태양, 어쩌면 그 시절이 그리워 나는 바다가 있는 이 도시를 찾아 왔는지 몰라 나는 이젠 그때처럼 다시 살고 싶어
눈에서 눈물이 굴러떨어졌다.
그날 밤 나는 몇 개의 닳아 진 조개껍데기를 주어 들고 늦게야 에스언니네 집으로 돌아왔다. 에스언니는 무슨 일인지 나를 기다리고 있었다.

"진숙씨,

영수한테서 편지가 왔어요."

나는 영수씨의 편지를 받아 포켓 속에 깊이 쑤셔 넣었다.

"진숙씨 커피 한 잔 마셔요

오랜만이지. 이렇게 둘이서 커피 마시는 기분은

진숙씨 나도 오랜만에 학창시절로 돌아간 기분이야.

참 즐거웠던 시절이야 지금 생각해보니"

에스언니도 들떠있었다.

문학에 대한 이야기가 시작되었고 드디어 헤세의 구름에 대한 찬사를 감탄하였다. 키에르케골의 죽음에 이르는 병이 절망이라는 것과

에스언니는 왜 살아야 하는 것인지를 이야기하였다.

러셀의 사상에 대해서는 서로 동조를 하였으나 루이제 린저의 생의 한가운데라는 글 속에서 왜 삶을 그토록 확인하면서 살아야 하는지에 대해서는 우리는 의견을 달리하고 있었다. 그 순간 산다는 것에 대한 확인이 나를 다시 괴롭히고 있었기 때문인지도 몰랐다.

그러나 나는 삶의 의미를 깨닫지도, 의문하지도 않은 채 그 입구에 서 여전히 살고 있었다. 색깔이 있다면 그것은 잿빛 같은 겨울 하늘의 통로를 지나는 검은 구름 같은 것이었다.

에스언니는 점점 다정해지고 따뜻한 녹차를 타다가 나에게 건네주었다. 나는 바닷가에서 만난 소녀의 이야기를 처음으로 꺼내었다.

나의 감정의 소용돌이를 하나하나 듣고만 있던 에스언니가 놀란 듯 입을 열었다.
"아마, 그 아이 일 거야.
그 애는 언제나 바닷가에서 혼자 논다고 하였으니까
엄마가 암으로 세상을 떠났다고 들었는데……,
아빠는 재혼을 하고 아이는 혼자 남겨지고……,
불행한 아이예요. 진숙 씨!"
"그런데 전혀 그렇게 보이지 않았는데요."
나의 가슴은 놀라움과 슬픔으로 두근두근하였다.
에스언니는 진아의 이야기를 잘 알고 있었다.
어쩌면 바닷가에서 친하게 만난 것처럼 말하고 있었다.
그리고 며칠 전 소녀가 미국으로 떠났음도 알고 있었다.
나는 천진하게 모래성을 쌓고 놀고 있던 소녀가 그림처럼 떠올랐다.
그 애가 보고 싶어.
나는 그 소녀의 얼굴이 피어오르고 그 순수함과 따뜻함이 내 가슴 속에 그대로 부딪쳐 파도 소리를 내고 있었다. 다음 날 아침 나는 코트를 걸치고 바다로 나갔다.
두껍게 낀 안개가 바다 주위를 두르고 있었다.
하늘은 엷은 옥색으로 피어오르는 안개 속에 꿈속을 걸어 나오는 듯하였다. 물 빠진 모래사장은 둘레둘레로 고인 물이 연기를 피워 올리고 온탕에서 올라오는 연기처럼 뿌옇게 피어 올랐다.

나는 코트 속에 꾸겨 넣었던 영수씨의 엽서를 꺼내었다.

미국 시애틀 공항
영수씨가 연한 빗줄기 속에서 우산을 받쳐 들고 나를 기다리고 있었다.
그동안 세월이 흘러갔다
지금은 영수씨와 딸아이와 셋이서 시애틀의 바닷가를 걷는다.
새들이 물결 위로 구구거리는 지평선을 바라본다.
그 지평선 너머로 안개처럼 싸여있는 그해 외로웠던 가을 바다 모습이 떠오른다. 어째서 그때 물결이 내 가슴에 쉽게 표류되어 이곳에 도착 할 수 있었는지?
나무 그늘 밑 모래사장에서 즐겁게 아이와 놀던 남편이 다가온다.
"잠깐 잊었어, 어제 누나한테 편지가 왔었는데……., "
영수는 코트 주머니에서 뜯지 않은 편지 한 장을 꺼냈다.
"아마 좋은 소식일 거야 "
"그래요? "
나는 바닷가 통나무 위에 걸터앉아 편지를 읽었다.
"진숙씨
이곳은 여름이 한창이야
진숙 씨가 찾고 싶었던 진아를 어렵게 찾아냈어.
지금 미국 뉴욕에서 잘살고 있어

시간이 나는 대로 영수와 같이 찾아가 보도록 해
그 애도 진숙씨를 몹시 보고 싶어 해.
여기 진아가 보낸 것을 같이 보낼 게
아마 나보다는 진숙씨가 간직하는 게 좋을 것 같아서 "

나는 편지봉투 안에 있는 것을 꺼내어 손안에 올려놓았다.
낡아진 우유 빛으로 반들거리는 조그만 소라였다.

그것은
바다
나와 소녀가 만났던 그 바다의 선물이었다.

2003년

단편소설 • • • • •

완전한 사랑

나는 미래라는 것은 모른다. 그리고 믿지도 않는다.
그래서 내 눈 속에는 아직도 눈물이 맺힌다.
완전한 사랑이란 무엇일까
하얀 스타코를 바른 이층집은 노량진 언덕 위에 있었다.
집 문을 들어서면 오래된 포도나무가 보기 좋게 하얀 페인트를 칠한 가로 세로로 단장한 나무들 사이로 잎사귀들이 휘덮고 그 밑에는 하얀 평상이 놓여있었다. 나는 학교에서 돌아와 집 대문을 들어서자 버릇처럼 가방을 그 평상 위에 던지려다 말고 가슴에 가방을 안고 서버렸다.
그곳에 앉아 책을 읽고 있는 낯선 청년을 본 것이다. 그는 일어서서 "형석이 동생이구나."하고 부드럽게 먼저 나에게 말을 걸어왔다.
"형석이를 기다리고 있어. 내가 잠깐동안 너의 집에서 학교를 다니기로 했어 우리 앞으로 잘 지내자."
물에 씻은 듯한 맑고 초롱초롱한 눈빛이 인상적인 그를 나는 석진 오빠라 부르게 되었다. 나는 첫사랑을 그렇게 만났다.
그는 오빠의 가장 다정한 친구였고 대학의 3년 해를 보내고 있었다. 나는 미래를 생각하기엔 어린 나이였지만 지금 생각하니 그를 알고 난 후 나는 점점 변하고 있었다. 나는 교복칼라를 깨끗하게 다림질해서 입었고 모양을 내기 시작한 것이다. 그렇다. 나는 책을 더 읽기 시작하였고 슬프고 행복한 하루 이야기를 일기로 쓰기 시작하였다.

석류나무나 마당의 풀이나 꽃에 대한 느낌도 적기 시작하였다.

언젠가부터 푸른 하늘에 뜬 구름이 더 아름답게 보였고 저녁노을이 슬프게도 느껴졌다.

그의 이마에 흐트러진 머릿결이 향기로운 모습으로 다가왔고 맑은 눈빛도 별처럼 보였다. 나는 그가 이층 계단을 내려오는 소리를 신기하게 들을 수 있었고 그의 목소리가 가슴을 설레게 하고 있었다,

그러나 나는 그것을 우정이라고 믿고 싶었다.

아름다운 우정

우리는 아름다운 우정을

나는 그것을 우정이라고 믿고 싶었지만 그는 무엇을 알아차려 버린 것일까?

하얀 쪽지가 방 창문 밑에서 내 손에 전달되었다.

저녁 5시 전차길 옆 다방 해수에서 기다릴 게 나와 주면 좋겠어.

하고 싶은 말이 있어

그가 기다릴 줄 알면서도 무엇을 들킨 것처럼 가슴이 콩닥콩닥 뛰어서 나는 나갈 수가 없었다.

며칠 후 버스정류소에서 나를 기다리던 오빠
내가 버스에서 내리자 그도 내렸다. 그는 나를 데리고 가까운 다방으로 들어갔다. 이층으로 올라가는 입구에 꽃이라고 적혀있었다.
우리는 커피를 마시고 나는 부끄러움에 그를 바라볼 수도 없었다.
그리고 마침내 그가 커피잔을 내려놓으면서

나 얼마 전부터 너를 좋아하고 있어
그는 창문 쪽을 바라보면서 조용히 말하였다.

"나는 오빠와 오래도록 우정을,,,,,,."
"글쎄
  나는 우정보다는 다른 감정을 느끼고 있었는데,,,,,,.
  우정은 아닐 거야.
  나 곧 졸업식이 끝나는 대로 너의 집을 떠나려고 해
  그전에 너에게 말하고 싶었어."
그의 얼굴도 부끄러움으로 물들고 있었다.
그가 네게 지금 얼마나 어려운 말을 하고 있는가.

그는 그것을 사랑이라고 말하며 떠나갔다.

바람결에 들은 그의 소식은 ROTC 군대 수업을 마치고 진해로 가서 힘든 훈련 후 피할 수 없는 월남 전쟁 속으로 파견된다는 것이었다.

보소
청춘의 남녀 한 쌍
말없이 소리 없이 이리로 걸어오네.

전쟁의 푸른 역사 사라지기 전
그들의 사랑애기
그칠 세 없네.

- 윌리엄 워즈 워즈

사랑은 전쟁 속에서는 충적된 깊이로 무겁게 내려앉는다.

청춘남녀가 그리움만 키웠던 우정이라 할지라도 전쟁을 통해서 우정은 금빛 같은 사랑으로 길을 가고 있었다. 생명의 고귀함과 심오함으로 나는 그를 만날 수 없음에 안타까웠고 영혼의 갈증을 느꼈다.

전쟁 속으로 맑은 마음이 편지로 오가며 사랑은 커가고 있었다.

우리에겐 풀 속에 피어나는 청초한 제비꽃처럼 그런 사랑이 물들고 있었다. 피 흘리는 월남 전쟁은 6개월이나 계속되었고 서울과 월남 사이 사랑의 편지는 4개월째 오고갔다.

"너를 만날 수 있기를"
"너를 사랑하는 한
 난 죽고 싶지 않다"

"기도할게요.

너의 기억 속에 지워지지 않는 한
나를 아무도 해치지 못하게 도와줘

"살고 싶다
 살고 싶다.
 영아
 영아
 영아
 영아
 보고 싶다
 만나고 싶다."

"돌아와 줘요"

그러나 그는 다시 돌아오지 않았다.
그가 가버린 뒤 늦게 도착한 편지들로 나는 오열을 하고 첫 사랑을 신음하였다. 나는 걸으면서 혼자서 생각하는 날들이 있었다.

"나는 결혼 같은 것은 바라지도 않았어.

단지 그가 살아있다면

이 세상 어디에 살아있다면 하고, 그 소원을 바랐을 뿐이야"

"그의 얼굴을 다시 볼 수 없어도 정말 괜찮았어.

이 세상 어딘가에 살아있다는 소식만 들으면 ……. 난 행복하게 살 테니까

진심이야……. 내 마음 진심이야"

그것은 실로 나의 진심이었고 소망이었다.

사랑은 그런 것이었다.

그의 눈빛을 닮은 얼굴만 길가에서 바라보아도

나의 사랑은 가슴을 요동치고 세포를 열고 기쁨으로 떨게 하였다.

그리고 곧 그가 아님에 실망하여 정처 없이 걸어 다녔다.

나는 덕수궁 부근 조금 낯선 곳에 다다랐다.

그리고 두리번거리며 그곳을 찾고 있었다.

언젠가 그가 우리는 우정이 아니고 사랑이라고 하며 나를 불러낸 적이 있던 곳. 두 손가락을 접으면서 말하던 그의 모습이 다정하게 앉아 있던 곳. 나는 찾지 못하고 시름없이 다시 걷기 시작하였다.

봄볕은 가로수 초록색 이파리 위로 빤짝이며 살랑대었다.

어린 마음에 우정과 사랑의 혼돈 속에 서 있던 나
내가 당황하여 어쩔 줄을 모르던 때
우리 곁을 떠난 그가 ROTC에 입대했다는 소식
진해에서 강훈련을 받는다는 소식도 바람결에 들려왔다.
나는 진해라는 도시와 그의 이름 석 자를 빗물 떨구는 유리창에 그리움으로 낙서하기 시작하였다.
ROTC 장교가 되어 원하지도 않는 전쟁에 할 수 없이 떠나야 한다며 그는 몇 개월 후에 우리 집을 방문하였다.
그는 오빠의 가장 가까운 친구였기에 온 가족이 반가워하였다.
오빠를 만나고 그러나 나에겐 눈길도 주지 않고 그대로 떠나버린 뒷모습. 그는 수줍음 인지 나를 잊기 위함인지 작별의 인사도 없이 떠나버렸다.
그때 나는 그가 나를 지운 것이라고 생각하였다.
그래서 슬펐다.
어째서일까?
그의 마음에 변화가 온 것은?
미움과 장난이 섞인 고독한 편지 한 장이 내 이름으로 날라들었다.
"오빠는 영이 무척 보고 싶은데 편지 안 할 거야?"
답장을 보내면서 나의 마음은 솜구름을 타고 춤을 추는 듯하였다.
수많은 자작나무 잎 파리들이 바람에 은빛으로 날리면서 나의 영혼을 뒤흔드는 소리를 들었다.

우정의 씨앗이 두터운 흙을 내밀고 있었고 진실한 잎의 모양새를 나타내기 시작하였다.

마음이 흔들리고, 보고 싶음이 강물이 되어 흘러내렸다.

영혼 속의 사랑을 첫 편지 속으로 날려 보냈다.

편지를 기다리고 잠 못 이루는 날이 있었고 기쁨에 떨리는 가슴을 쥐고 집 담 벽에 기대서서 나는 자신에게 묻고 있었다.

"우리의 영혼이 깊고도 깊은 사랑을 이렇게 갈망하고 있다면 이 사랑이야말로 완전한 사랑이 아닐까"

아마도 그럴 거야.

그러나 그는 다시 돌아오지 않았다.

완전한 사랑을 채우러 그는 돌아오지 않았다. 가을이 가고 하얀 눈송이가 소나무 잎끝에 조용히 앉아 있는 겨울이 왔다.

나는 그해 겨울 발목까지 빠지는 눈을 밟고 마음속으로 그와 작별을 고하며 돌아다녔다. 유난히도 슬픈 봄 여름 가을이 또 흐르고 그 하늘 위로 별빛이 흘러내리고 눈들이 젖어 내리는 겨울이 다시 찾아들었다. 사랑의 편지가 오가던 문풍지가 떨리는 시간들이 다 어디로 숨어버린 것일까

봄볕이 마당에도 들판에도 나른하게 새로운 목숨을 던지기 시작하였다. 저녁달이 나뭇가지에 높이 걸리고 하늘이 곱게 물들고 있었다.

가을이 지나가고 눈송이를 펑펑 날리는 겨울날 나는 창문

앞턱에 무료하게 앉아있었다.

그 겨울이 간 자리 정원엔 얼었던 땅이 송 송 구멍을 열고 부풀어진 흙 속으로 풀잎들이 고개를 쳐들기 시작하였다.

장미 분꽃 봉숭아 홍초 난초가 가지가지마다 꽃 몽우리가 맺히고 맑게 피어났다. 채송화도 작은 잎사귀에 이슬방울을 달았고 어느새 피어나고 있었다.

나와 이석찬씨와 의 만남은 교수님의 소개로 이루어졌다.

우리가 선을 본 곳은 을지로의 어느 낯선 다방이었다.

차 한 잔을 마신 뒤 우리는 다시 만나지 않을 것처럼 헤어졌다.

석찬씨

몇 마디 말없이 만나 조용히 헤어진 사람을 3년 후에 교수님의 소개로 다시 만나게 되었다. 다시 만났을 때는 나를 보며 석찬씨는 오랜 친구처럼 미소하였다. 나 역시 그의 미소에 따뜻하게 머리 숙여 답하였다.

부모님들은 몹시 기뻐하였고 가족과 일가친척들의 축복 속에 결혼식은 이루어졌다. 우리는 자연과 문학을 이야기하였다.

우리는 사랑을 이야기하고 아이를 키우고 여행을 떠나고 한 지붕 밑에서 같이 일을 하고 잉꼬부부라는 소리를 들으면서 우리는 행복을 받아드렸다.

우리는 맑은 마음으로 대하고 서로의 비밀과 진실을 이야기했다

우리는 깊은 속 이야기를 나누고 이민을 결심하였다.
우리는 투정을 부리고 즐겨 여행을 떠나기도 하였다
찬찬히 그런 세월들이 물처럼 여기저기 적시며 맴돌며 흘러가고 있었다. 나는 세월과 같이 "아름다운 사람" 석찬씨에게 점점 진해지는 사랑을 느끼고 있었다.
나이가 들수록 나는 자신에게 묻고 있었다.
"정신과 육체와 아이들의 생명의 기쁨까지 묻어난 이 사랑이 완전한 사랑일 거야" 우리는 아직 젊고 행복하니까 누구보다 더 열심히 일하고 잘 살아야 해
석찬씨는 바쁘게 돕는 나를 누구보다도 아끼고 사랑하였다.
사랑!

어느 날 나는 꿈속을 걷고 있었다.
강 너머 꿈속에서 희미하게 이쪽으로 한 사람이 다가오고 있었다.
점점 다가오면서 이쪽을 향해 손을 젓고 있었다.
아름다운 낮은 물가 풀 속에는 손을 벌리고 입술을 내밀듯 제비꽃들이 피어나고 있었다. 강 물속을 향해 다가오는 사람은 옛날에 내가 알고 있는 사람이었다. 나는 그리운 그 모습을 바라보고 있었다.
얼마나 보고 싶던 사람이었던가?
그는 전쟁에서 죽지 않고 살아있었다.
그는 손짓하며 나를 부르고 있었다.

나는 남편과 아이들을 바라보았다.
남편과 아이들이 물속에 발을 담그고 손짓하고 있는 그 사람을 쳐다보며 "아는 사람이야?"
남편이 나에게 물었다. 나는 잠시 머뭇거리다가
"그전에 내가 말했던 그 사람인 것 같은데 살아 있었나 봐요 그런데 부상당한 것 같아요"
남편이 나의 손을 잡았다.
나는 남편의 손을 잡고 강을 건너지 못하고 그곳에 정신없이 나무처럼 서 있었다. 맑은 눈물이 손등으로 흘러내렸다. 나는 꿈에서 깨어났다.

우리 부부는 어머니가 아프다는 소식을 듣고 오랜만에 밴쿠버에서 서울 가는 비행기에 올랐다. 마침 그때 서울에서는 고등학교 동창회가 열리고 있었다. 학창시절 둘도 없는 나의 친구 지숙이가 동창회에 온다기에 그녀를 만나고 싶었다.
나는 가을 코트를 걸쳐 입고 서울거리로 나섰다.
샌프란시스코에서 온 지숙이다
얼마나 다정한 나의 친구였던가?
그러나 그동안 이민 생활의 고생 때문에 나는 그녀를 아주 잊고 있었다.
"어머 40여 년 만이다.

참 오랜만이다 이렇게 너를 볼 수 있다니"
우리는 껴안고 춤을 추었다.
"이것 선물이야" 지숙이는 곱게 싼 화폭을 내밀었다.
"너 아직도 그림을 그리고 있었구나!"
나는 지숙이가 내민 화폭을 받아들며 즐겁게 감탄사를 올렸다.
"그래 난 아직도 예술을 한다."
그녀는 활짝 웃었다. 옛날의 귀여운 공주처럼

얼굴이 남다르게 귀엽고 예뻤던 지숙이
지숙이와 같이 다니면 언제나 지숙이만 인기가 있었다.
그러나 나는 그런 지숙이와 같이 다니는 것이 영광으로 느껴졌던 시절이다. 대학시절 집안이 부유했던 지숙은 불란서로 미술공부를 하러 가고 싶어 했다. 먼저 간 남자 친구가 불러주길 속 타게 기다리고 있었다.
해가 바꾸어도 돌아오지 않던 그가 불란서에서 다른 여자와 결혼했다는 소식을 들었을 때 지숙은 허공에 뜬 모습이었다.
아 그때의 불쌍한 지숙의 모습을 나는 잊을 수가 없었다.

그러나 지숙은 그로부터 얼마 되지 않아 결혼을 해버렸고 보란 듯이 샌프란시스코로 이민을 떠나버렸다.
나도 지숙이 떠난 일 년 뒤에 결혼을 했고 이민 길에 올랐다.

오랜만에 만난 이국에서 모여든 친구들로 동창 모임은 만발하였다.

가지각색의 흘러간 세월 속에 마음은 무지개처럼 또다시 피어나는 것일까? 그러나 대부분 동심으로 돌아간 그녀들의 웃음소리는 전등 빛의 좁은 공간을 깨고 잘 익은 과일처럼 새로운 향기를 방안으로 끌어들였고 화사하게 무르익고 있었다. 노랫가락도 울리고 춤사위도 있었다.

시낭독도 있었고 감사패도 전달되었다.

즐겁고 흥겨운 시간, 목청 높은 아이들은 학창시절 그대로 돌아가 여전히 목청을 높이고 있었다. 친구들의 만남이 끝난 뒤 각자 친한 친구와 팔짱 끼고 거리에서 헤어지기 시작하였다.

나와 지숙도 거리로 나왔다.

가을의 낮은 아직도 반짝이고 있었다.

"우리 오래 간만에 덕수궁이나 들어갈까"

나는 언제나 즐겁게 둘이서 걸었던 덕수궁을 걷고 싶었다.

눈이 와도 만나고 비가와도 만나서 걷던 소녀 시절의 아름다운 덕수궁은 어떻게 변했을까?

우리는 소녀 시절처럼 눈을 반짝이며 웃었다.

덕수궁은 여전히 풍요하고 벚나무 잎들이 팔랑대며 아름다웠다.

오랜만에 들린 고풍은 그전 그대로 우리들을 반기고 있었다.

"그래 너무너무 반가워

우리가 이렇게라도 만나게 된 것
죽기 전에 너를 꼭 한번 보고 싶었거든"
나는 지숙의 손을 꼭 잡으며 그렇게 말했다
오랜만에 뜨거운 가슴으로 다가서는 지숙과 나의 눈빛 속에는 더운 강물이 흐르고 있었다.

"지숙아
 난 처음 이민자야 고생 많이 했어"
"나도 그래
 나도 네가 너무 보고 싶었어.
 그런데 연락할 수가 없었어."

"나도 자꾸 망설여졌어.
이렇게 늦게 연락한 것 정말 미안해."
"그건 마찬가지지 뭐"
우리는 손을 잡고 예전처럼 공원을 이곳저곳 구경하면서 걸어 다녔다.
"그동안 나무들이 무척 자랐나 봐 이 큰 나무들은 기억들이 나지 않아 이곳엔 등나무가 있었는데"
"너무나 오랜 세월이야!"
"영아!
우리 그땐 참 좋은 소녀 시절이었어.
그럼

그때로 갈 수만 있다면 푸른 시절로 말이야"
"꿈 많던 시절로"
그때 그 너 좋아하던 국어 선생님이 제자와 결혼했다는구나.
하하 남자들은 생각이 너무 가난해.
음악 선생님이 이혼하고 제자와 결혼하더니 그런 일이 또?
사랑은 국경도 없고 절벽도 없나 봐.
그 소녀 아까워서 어떡하니?
우리는 그렇게 생글대며 소녀시절로 돌아가고 있었다.

"참! 너의 옛 남자 친구 소식은 들었어?"
나의 갑작스런 물음에 지숙은 잠깐 대답을 잃었다.
"미안해 내가 잘못 물었나 봐"
나는 미안해서 두 손을 비볐다.
"아냐! 영아 얘기해줄 게
그분은 돌아가셨어"
"뭐라고?"
"참말야, 그분은 돌아가셨는데 자살했다는 소문으로 돌고 있어"
나는 가슴이 먹먹해 자리에 서버렸다.
지숙의 눈빛은 금방 구슬을 달고 있는 듯했다.
"슬픈 일이야
지금이나 옛날이나 사랑한다는 것은 아픈 일이야"
지숙은 말을 이어갔다.
"내가 없는 사이 그분이 우리 남편을 찾아온 모양이야

한번 나를 만나게 해달라고 꼭 전하고 싶은 말이 있다고……

우리 남편과 그분이 가까운 고등학교 친구였던 것 너는 모르고 있을 거야."

"아냐 나도 듣고 있었어."

지숙은 슬픈 표정으로 말을 이어갔다

"내가 갑자기 친구와 결혼한 것을 너도 복수라고 들었겠지 모두들 그렇게 말했다니까."

"사실은 친구인 줄 알았지만, 난 그 사람마저 놓치고 싶지 않았으니까 결혼하였을 뿐이야

불란서에서 유학하는 동안 그분이 나를 배반했다고 해도 난 그분을 사랑하고 있었으니 복수는 절대 아니야

그건 아니야"

지숙은 거의 울 듯 말하고 있었다.

"알고 있어

나 알고 있어"

지숙은 안심한 듯 숨을 들이키고 말을 이어갔다.

"소문에 그분은 간호사와 결혼했데.

그리고 아들과 딸을 낳았고,

수년 전에 이혼을 했데, 소문에는 무능하게 그림만 그리는 남편을 여자가 배반했다는 소문도 있고, 남자가 여자를 떠났다는 소문도 있고.

어쨌든 헤어진 후에 혼자서 고생을 한 모양이야

남편은 찾아온 고향 친구 속에서 옛 모습을 찾을 수가 없었다고 해.

그리고 그분은 나를 배반한 것이 아니라 했데

나를 너무 사랑하기에 부유하게 자란 나를 고생을 시킬 수가 없었다는 것이었어. 자신이 없어 나를 소유할 수가 없었다는 것이야

그리고 그것만은 친구인 자기를 이해해 주고 그대로 전해달라고 했데,,,,,.

그분이 죽기 전에 그 말을 하기 위해서 찾아온 것 같다고 해

난 남편이 전해준 그 말을 아직도 믿을 수가 없어

사랑이란 왜 그렇게 배반 적이어야 해?

난 이해할 수가 없어."

빠르게 이어가는 지숙의 이야기를 들으며

나는 머리가 아득해 옴을 느꼈다.

아니 비실거리는 현기증을 느끼고 있었다.

전쟁 속의 전사 소식을 들었을 때처럼 아늑하고 허탈한 절벽을 걷는 것 같은 느낌이었다.

(사람은 왜 그런 완전한 사랑을 하려고 애쓰는 걸까? 나도 정말 알 수가 없어 ……)

나는 고개를 흔들고 있었다.

갑자기 무너진 나를 보자 지숙이 놀라서 물었다.

"영아! 너 몸이 안 좋은 것 같은데, 어디 아파?"
"아니, 머리가 좀 흔들려서 그런가 봐
괜찮아"
나는 다시 미소하였다.
"어디 가서 좀 쉬었다 갈까?"
"그러는 게 좋겠다."
"어디로 갈까?
글쎄 난 여기를 잘 몰라서"
"참! 꽃이라는 아주 오래된 다방이 이 부근에 아직도 있다고 들었는데 그 곳에 가서 잠깐 쉬었다 갈까?"
"꽃? 꽃 다방?"
나는 입속으로 그 이름을 외워냈다.
"그렇구나! 그 다방이 아직도 있었구나!
나도 한번 꼭 가보고 싶었는데"
"오랜만에 음악도 듣고 커피도 마시고 잘됐다."
지숙은 나의 손을 잡고 신이 난 듯 손을 흔들며 길을 걸었다.
꽃 다방은 귀퉁이를 돌아 복잡한 시내 한복판에 있었다.
희한하게 번쩍대는 푸른 유리창의 새 빌딩 사이에 조그만 이층 옛날식 다방이 분명히 "꽃"이라는 단어를 달고 순박한 옛 모습, 옛 도시를 지키려는 것처럼 혼신을 다해 서 있었다.
"글쎄! 다 헐어버리고 새집을 짓고 야단인데 이주인은 죽사사자 고집스레 이 '꽃 다방'을 그대로 보존하려고 한다는 거야"

"그래? 그렇다면 참 고전적인 특별한 사람이구나
돈만 아는 세상에서 말이야"
"너 알아? 나 이곳에 40년 전쯤 딱 한 번 와 본 것" 나는 꿈속처럼 즐거워하며 중얼거렸다.
"오래전에 혹시나 그대로 있을까 해서 찾고 있었어." 그런데 찾을 수가 없었어."
"어마나! 그랬었구나."
 우리는 오래된 삐걱거리는 문을 열고 층계의 반질반질한 자줏빛 손잡이를 쥐며 이층 복도로 올라갔다. 그리고 안에 들어섰을 때 그 아름다운 고전에 눈이 둥그레졌다. 갈색 잎과 여기저기 마른 풀 나무와 꽃이 걸려있는 다방은 우아한 작은 꽃들판이었다.
 가을꽃들도 여기저기 태불 위에서 무지개처럼 아롱대었다.
 피아노가 있는 조그만 무대 뒤로 아늑한 자리가 비어있었다.
"너무 아름다워 옛날의 실내장식 기억은 조금도 생각나지 않지만"
 우리는 황홀한 마음으로 오래된 나무 탁자 위에 앉았고 젊은 여자가 가까이 오자 커피 두 잔을 주문하였다.
 사랑의 기쁨이란 노래가 꽃향기 속에서 잔잔히 울려 퍼지고 있었다.
"왜 사랑의 슬픔이라는 내용인데 저 노래는 사랑의 기쁨이란 제목을 달고 있을까? 이상도 하지"
 나는 소녀처럼 그렇게 또 조잘대었다.

나는 분명히 기억하고 있었다.
옛날 단 한 번 왔던 이곳을
"오래도 있어 주었구나
나를 기다리는 듯
이 변한 서울 구석에서 말이야
이렇게 반갑게 나를 기다려주는 곳이 있었다니"
나는 감동하여 눈물이 나올 지경이었다.
그때였다.
어두운 빛 속에서 커피를 받쳐 들고 사람이 오고 있었다.
그 웨이터는 불편한 듯 다리를 절고 있었다.
그리고 놀랍게도 가까이 오자 그는 희끗희끗한 머리가 잘 어울리는 남자였다.
그는 커피를 정성스럽게 놓으며 우리에게 미소하였다.
"처음 오는 손님이라기에 제가 직접 가져왔습니다.
이 집에 처음 오는 사람은 제가 꼭 대접하고 있습니다."
"아 그러세요!"
지숙은 반갑고 즐거운 듯 어쩔 줄을 몰라 했다.
"그렇지 않아도 소식 듣고 찾아왔어요.
사실 어떤 분인가 하고 뵙고도 싶어서요.
우리 친구들 사이에서 많은 이야기들이 오고갔어요."
"아 그래요"
"참으로 훌륭하신 분이라고요
누구나 처음 가면 주인의 따뜻한 대접을 받을 수 있는 곳이라고 했어요. 아주 특별한 분이라고요"
"하여튼 감사합니다. 오늘이 마지막 날이 될 것 같아서 커피는 두 분에게 무료로 드려도 되겠지요?"
"마지막 날이라니요?"
"이 건물이 며칠 후 헐리게 된답니다."
"어마나! 그런 일이요?"
"세상에는 고집하고 노력해도 안 되는 일이 있지요
이곳에서 내가 기다리는 사람은 아직 못 만났는데 말이예요."
"기다리는 사람을요?"
지숙이 놀란 듯 되물었다.
"그래요 이곳에서 만나자고 약속한 소녀가 하나 있었지요
지금은 소녀가 아니겠지만……
지숙과 주인의 대화는 그렇게 진행되고 있었다.
주인은 다시금 평화스런 소년처럼 웃고 있었다.
"그럼 그 소녀를 기다리기 위해서 이곳을 지금까지 ?……"
"글쎄요?
저는 저 자신도 잘 몰라요
월남전쟁 후에 이곳에 소녀를 만날까하여 자주 들리었다가 이곳이 정이 들어 인수까지 하고 말았으니까요."
"그러셨군요! 그럼, 그 소녀 소식은 들으셨나요?"
"바람결에 들었지요."
"그럼 여태까지 이곳에 오지 않았군요."

"안 올지도 모르지요 아마도 안 올 거예요."
그분은 빠르게 말을 이어갔다.
"그 소녀는 아주 멀리서 살고 있거든요. 아마 내가 돌아와서 이 세상에 살고 있는 것도 모를 거예요. 제 이름 석자가 전사자 중에 섞여 있었거든요."
"세상에 그런 일이요?"
"월남 전쟁터에서 부상 후 마지막 편지를 썼거든요 나에게 무슨 일이 있어도 나의 행복까지 잘 살아야 한다고 부탁했었지요. 저는 그때 아마도 완전한 사랑을 꿈꾸고 있었나 봅니다. 내게 무슨 일이 있더라도 너는…….행복해지기를 바라는 그런 말이예요…….
그 대학교 당시 ROTC를 막 졸업을 하고 전쟁에 휩싸이게 되어 중대장으로 임무를 맡게 되었지요. 전쟁은 절박한 상태였고 참으로 비참했었지요. 우리가 왜 누구를 위하여 무엇을 위하여 죽어가야 되는지 반문하기도 전에 정글 속 어느 나무 위에서 쏘아대는 총들에 목숨을 잃어가고 있었으니까요……"
그는 숨을 걷어 들였다. 그리고 다시 이어 갔다.
"그 상황 속에서도 진실한 사랑들이 꽃피고 전달되고 있었다는 걸 믿으시겠어요? 사랑하는 사람의 행복을 바라는 그런 전사들의 사랑 말이예요. 오늘은 처음으로 손님에게 제 속말을 많이 했습니다. 내일로 이곳이 헐린다고 생각하니 갑자기 마음이 자유롭고 허전해집니다. 실례를 좀 한 것 같습니다."
"아뇨 실례라니요 정말 아니에요."

지숙은 손을 저으며 대답했다.

"오늘 …… 두 분 만나니 왠지 오래된 친구처럼 느껴져 그동안 품었던 이야기를 하였습니다. 말 없는 저 친구분에게는 죄송하게도 방해가 되지 않았는지요?"

그 중년 신사는 조용히 구석에 앉아있는 영아에게 부드럽게 미소를 보냈다.

영아는 말없이 떨리는 두 손끝으로 커피잔을 꼭 쥐었다.

그때 딸이 카운터 문을 열고 "아버지! 엄마한테 전화 왔어요. 전화 받으세요" 하고 부르는 소리가 들려왔다. 그는 카운터 쪽으로 고개를 돌렸다. 그곳엔 주홍빛 가을꽃이 에스테리아처럼 늘어뜨린 체 있었다.

"그럼 편하게 이야기 나누다 가세요. 더 이상 손님이 올 것 같지 않으니까 저는 집으로 들어갈까 합니다."

머리가 희끗희끗한 신사는 섭섭해하는 모습으로 다리를 절뚝이며 카운터로 떠나갔다.

나와 지숙은 노을이 물들기 시작한 거리로 말없이 나왔다.

지숙은 섭섭한 듯

"아 아! 저 아름다운 곳이 허물리다니! 영아! 우리 언제 또 만날 수 있을까?"

나는 젖은 눈으로 지숙을 껴안았다.

"잘 가"

"내년에 또 만나도록 노력해야 해"

말을 잃은 듯 서 있는 나에게 지숙은 그렇게 당부하였다.

나는 기다리고 있을 남편이 있는 서울호텔을 향하여 한 발 두 발 걸음을 옮기기 시작하였다.
"안녕히 가세요. 석진씨 이젠 저를 기다리지 않아도 될 거예요. 이젠 저를 더 이상 기다리지 않아도 될 거예요. 저도 석진씨 몫까지 행복하게 사느라고 무진 노력하였어요. 석진씨 정말 오랜만이었어요. 석진씨 고마워요"
내 눈에서 물기가 흘러내렸다.

가을밤이 깊어 가고 있었다. 거리엔 하나둘씩 불들이 켜지기 시작하였다.
나는 어떤 사랑의 굴레에서 떠나가는
자유롭게 떠나가는 한 사람의 첫사랑을 보았다.
내 사랑 굿바이
내 사랑 굿바이
그것은 나에게 있어서도 마찬가지였다.

2000년 가을에

후기

완전한 사랑은
진정 보석처럼 존재하고 있는가?

그 사랑의 실체를 향하여
그 행복을 찾기 위한
우리들의 의문과 노력은 계속될 것이다.

사랑스런 한국에게 아름다운 밴쿠버에서